SO GEHT VEGAN!

Patrick Bolk

SO GEHT VEGAN!

Der einfache Einstieg in ein veganes Leben

südwest

Inhalt

PROBIEREN SIE ES MAL VEGAN!

Wenn Sie dieses Buch in den Händen halten, haben Sie sich höchstwahrscheinlich dazu entschlossen, Fleisch und Fisch, vielleicht auch Eier und Milchprodukte von Ihrem Speiseplan zu streichen oder zumindest verstärkt durch pflanzliche Alternativen zu ersetzen. Vielleicht wollen Sie auch einfach mal ganz unverbindlich in die vegane Welt hineinschnuppern. So oder so eine gute Entscheidung, wie ich finde – eine, die ich persönlich niemals bereut habe, denn ich habe überflüssiges Gewicht verloren, meine Blutwerte sind so gut wie nie zuvor, ich bin sehr selten krank und ich fühle mich richtig fit. Doch nicht nur meinem Körper, auch meinem Gewissen geht es deutlich besser, seitdem ich mich zu den »Pflanzenfressern« zähle.

Ich freue mich, dass vegan zu essen oder gar zu leben ein echter Trend geworden ist – eine Entwicklung, die so nicht zu erwarten war, denn vor wenigen Jahren noch bedeutete der Veganismus für die meisten Menschen verzichtreiche Mangelernährung, galten Veganer als extrem. Heute sieht das ganz anders aus: Auf Magazin-Covern wird die vegane Ernährung als gesund angepriesen, vegane Kochbücher findet man in jeder Buchhandlung und in ganz Deutschland eröffnen rein vegane Restaurants und Supermärkte. Der Veganismus kommt in der Mitte der Gesellschaft an, und so sollen nach Schätzungen des Vegetarierbundes heute bereits 1,2 Millionen Menschen in Deutschland vegan essen oder leben. Tendenz: stark steigend.

Hätte mir jemand vor wenigen Jahren erzählt, dass ich mich irgendwann einmal ausschließlich vegan ernähren würde, wäre ich in lautes Gelächter ausgebrochen – so absurd wäre mir

dieser Gedanke erschienen. Selbst eine vegetarische Ernährung war für mich keine ernst zu nehmende Option, denn ich sah einfach keine Veranlassung, auf Fleisch oder Milchprodukte zu verzichten. Ich ernährte mich damals vor allem von Fast Food – viel Fleisch, viele Produkte aus weißem Mehl, viel Fett. Kochen bedeutete für mich, die Fritteuse anzustellen, den Sandwichtoaster zu benutzen oder eine Tiefkühlpizza in den Ofen zu schieben. Ich brachte rund 25 Kilogramm mehr auf die Waage als heute und verschwendete keinen Gedanken daran, was meine Essgewohnheiten für meinen eigenen Körper, vor allem aber für die Tiere, die ich gedankenlos aß, bedeuteten.

SCHOCKIERENDE ERKENNTNISSE

Ich wäre nie auf die Idee gekommen, Fleisch, Milch oder Käse von meinem Speiseplan zu streichen, da diese Produkte ganz selbstverständlich und alltäglich waren. Tatsächlich wurde mir sogar immer wieder suggeriert, dass tierische Produkte wichtig für mich seien. Woher sollte ich also wissen, dass dies so nicht stimmt? Als ich viele Jahre später anfing, meine Ernährungs- und Lebensweise kritisch zu hinterfragen, war ich überrascht oder gar schockiert, in wie vielen Produkten, die ich täglich konsumierte oder benutzte, Tierisches steckte, egal ob in Lebensmitteln, Kleidung oder Kosmetik. Mir wurde zunehmend bewusst, dass für die Herstellung ganz alltäglicher Produkte erhebliches Tierleid, eine hohe Umweltbelastung und sogar gesundheitliche Risiken von den Herstellern billigend in Kauf genommen werden.

Es war ein echtes Aha-Erlebnis zu begreifen, welch weitreichende Auswirkungen mein persönlicher Konsum hat. Dass immer mehr Menschen solche Aha-Erlebnisse haben und daraus Konsequenzen ziehen, liegt ganz sicher auch an der leichteren Verfügbarkeit und schnelleren Verbreitung von Informationen im Internet sowie dem größeren Stellenwert des Themas auf allen Kanälen: Fleischskandale und Schockbilder aus der Massentierhaltung sind zunehmend schwerer zu ignorieren, während gleichzeitig immer neue wissenschaftliche Untersuchungen zu dem Ergebnis kommen, dass ein Verzicht auf tierische Produkte ebenso zu empfehlen ist wie eine ausgewogene vegane Ernährung.

Inzwischen scheint es mir unnötig, ja fast schon absurd, tierische Produkte zu essen oder zu nutzen, da das Angebot an pflanzlichen Alternativen in allen Lebensbereichen groß und ausreichend ist. Ein besserer Gesundheitszustand ist sozusagen das (Soja-)Sahnehäubchen oben drauf. Eine der wunderbarsten und spürbaren Erkenntnisse war für mich nämlich, dass meine Ernährungsweise einen wirklich großen Einfluss auf meine körperliche Konstitution hat, ich mich sozusagen »gesünder essen kann«.

VERZICHT? NEIN, DANKE!

Bedeutet das nun, dass ich ein verzichtvolles Leben führe, kaum noch etwas Leckeres essen kann und meine Zeit hauptsächlich damit verbringe, meinen Mitmenschen ein schlechtes Gewissen zu bereiten? Dreimal ganz klar nein! Mein Speiseplan hat sich unglaublich erweitert, und seitdem ich vegan lebe, habe ich erst so richtig Spaß am Kochen entwickelt. Und pssst... das ist gleichzeitig meine »Geheimwaffe«, Freunden, Familie oder Kollegen die vegane Küche schmackhaft zu machen – und keinesfalls der erhobene Zeigefinger.

Machen wir uns nichts vor: Besonders am Anfang wird man mit großer Wahrscheinlichkeit das eine oder andere tierische Produkt vermissen, und so mal eben »nebenbei« wird wohl niemand vegan. Ja, selbst heute mag ich ehrlich gesagt noch den Geruch einer Bratwurst oder eines Döners – hineinbeißen würde ich allerdings nicht mehr. Verwunderlich finde ich das jedoch auch nicht, denn die Lust auf tierische Produkte hat doch fast jeder viele Jahre regelrecht antrainiert bekommen: Fleisch, Milch und weitere tierische Produkte standen nicht nur bei mir von klein auf täglich auf dem Tisch. Gewisse »Entzugserscheinungen« sind da doch völlig normal. Glücklicherweise vergehen diese jedoch mit der Zeit, und irgendwann können sich die meisten »Umsteiger« überhaupt nicht mehr so recht vorstellen, sich mal »so« ernährt zu haben. Viele ärgern sich sogar, nicht früher schon über ihre Ernährungsweise nachgedacht zu haben. Aber besser spät als nie, oder?

WAS BEDEUTET EIGENTLICH VEGAN?

Veganer lehnen die Nutzung von Tieren und tierischen Produkten komplett ab. Dazu gehört nicht nur der Konsum von Fleisch und Fisch. Auch tierische Produkte wie Milch und Milchprodukte (Joghurt, Quark, Sahne etc.), Eier und Honig sowie oftmals versteckte tierische Nebenprodukte wie z.B. Gelatine finden sich nicht auf dem veganen Speiseplan.

Wer sich nicht nur vegan ernährt, sondern konsequent vegan lebt, verzichtet auch beim Kauf von Kleidung, Kosmetik, Putzmitteln und in anderen Lebensbereichen auf Produkte, die tierische Inhaltsstoffe enthalten oder für deren Herstellung Tiere ausgenutzt werden, z.B. durch Tierversuche für Kosmetikprodukte oder Medikamente. Der Begriff »vegan« ist eine Wortschöpfung aus dem Begriff »vegetarian«, quasi daraus ausgeschnitten.

»Ich könnte das nicht!«

Nicht selten höre ich Aussagen wie: »Ich könnte mich niemals vegan ernähren!« Glauben Sie mir, Sie können das ganz sicher! So wie Sie gelernt haben, Schnitzel und Vollmilch zu mögen, werden Sie auch ganz schnell auf den Geschmack von Räuchertofu, Reis-Kokos-Drinks oder Grünen Smoothies gekommen sein – und Ihre alten Essgewohnheiten garantiert nicht mehr vermissen. Wie oft erlebe ich, dass sich zuvor skeptische Freunde positiv erstaunt oder gar begeistert von veganem Essen zeigen, wenn sie sich zum ersten Mal ganz bewusst »herangetraut haben«. Und vergessen Sie nie: Viel radikaler als ich kann man seine Ernährungsweise kaum ändern, und doch war es für mich tatsächlich äußerst unproblematisch und durchweg positiv. Warum dann nicht auch für Sie?

Es wird Ihnen anfänglich sicher ganz ähnlich gehen wie mir, und Sie werden sich vor allem zwei grundlegende Fragen stellen. Erstens: »Werde ich auf vieles verzichten müssen?« Und zweitens: »Ist eine vegane Ernährung überhaupt gesund?« Beide Fragen sind absolut verständlich, und beide möchte ich Ihnen gerne kurz beantworten.

»Vegane Ernährung bedeutet Verzicht!«

Ganz klar: Ja. Sie werden auf Schnitzel, Gehacktes, Rippchen, gebratene Nierchen und auch Schweinskopfsülze verzichten (müssen/wollen/dürfen). Gleichzeitig verzichten Sie damit aber dankenswerterweise auch auf einen zu hohen Cholesterinspiegel (Auslöser vieler Krankheiten), Antibiotika und andere »Schweinereien« im Essen, auf eine höhere Belastung von Umwelt und Klima und last but not least darauf, dass für Ihre Mahlzeiten ein Tier stirbt. Glauben Sie mir, das schmeckt besser.

Ein Gefühl von Verzicht sollte ohnehin nicht aufkommen: Ihr Vorratsschrank und Ihr Gemüsefach werden sich mit bislang unbekannten Produkten füllen, die Sie nicht mehr werden missen wollen. Es könnte Ihnen zukünftig großen Spaß bereiten, die Gemüseabteilung im Biomarkt zu durchstöbern oder Köstlichkeiten wie weißes Mandelmus, Maulbeeren oder Tempeh in den Einkaufswagen zu packen – in Vorfreude auf die damit zuzubereitenden Mahlzeiten.

Sich vegan zu ernähren ist eine spannende Entdeckungsreise kulinarischer Art. Doch worauf muss man bei einer veganen Ernährung gesundheitlich achten?

»Eine vegane Ernährung ist ungesund«

Kaum ein Thema ist mit so vielen Vorurteilen und Halbwissen verbunden wie eine vegane Ernährung. Kein Wunder, haben uns Eltern und Werbung suggeriert, dass Fleisch für Lebenskraft und Milch für starke Knochen sorgt, dass wir unbedingt tierische Produkte benötigen und alles andere lediglich eine Mangelernährung sein könnte. Woher sollten wir auch sonst ausreichend Proteine, Eisen oder Kalzium bekommen? Die Antwort ist denkbar einfach: Komplett aus Pflanzen (mit Ausnahme des Vitamins B12, dazu später mehr), und das sogar häufig in einer für den Körper besser geeigneten Form als bei tierischen Produkten.

Tatsächlich belegen zahlreiche Studien selbst konservativer Ernährungsinstitute die Vorteile einer vegetarischen oder gar veganen Ernährung: Wer sich ausgewogen pflanzenbasiert oder gar rein pflanzlich ernährt, ist im Durchschnitt weniger übergewichtig, wird älter und leidet seltener an Zivilisationskrankheiten wie z.B. einem zu hohen Cholesterinspiegel,

Osteoporose, Diabetes, Bluthochdruck oder Herzkrankheiten. Diese entstehen nicht selten aus einem Überkonsum tierischer Produkte.

Der Zusatz »ausgewogen« ist sehr wichtig, denn der Verzicht auf tierische Produkte ist nicht automatisch mit einer gesunden Ernährung gleichzusetzen. Wer sich in erster Linie von veganen Fertigprodukten und Fast Food ernährt (wie die sogenannten Puddingveganer), sollte beim nächsten großen Blutbild nicht mit der Begeisterung seines Hausarztes rechnen. Diese Gefahr besteht allerdings sowohl bei veganer als auch bei nicht-veganer Ernährung in gleichem Maße: Wer seinem Körper nicht alle notwendigen Nährstoffe zuführt, wird irgendwann unausweichlich unter einem Mangel leiden. Und: Genauso wenig wie der ausschließliche Konsum von Fleisch und Milchprodukten den Körper ausreichend mit Vitaminen versorgen kann, ist eine vegane Ernährungsweise nicht automatisch Garant für eine ausgezeichnete körperliche Konstitution. Das wäre dann doch zu einfach.

Wer sich rein pflanzlich ernährt, sollte also seinen Speiseplan so gestalten, dass alle notwendigen Vitamine und Nährstoffe enthalten sind. Idealerweise sollte die Zusammensetzung so aussehen: Frisches Gemüse und Obst stellen die Grundlage dar, weil diese eine gute Versorgung mit Vitaminen, Mineralstoffen und sekundären Pflanzenstoffen gewährleisten. Für eine ausreichende Zufuhr von Kohlenhydraten sorgen Vollkornprodukte, Nudeln, Brot und Getreidesorten wie Quinoa oder Amaranth. Proteine (Eiweiß) bekommt man aus Hülsenfrüchten (Bohnen, Linsen, Erbsen etc.), Nüssen oder Samen. Außerdem gehören in geringeren Mengen Öle, Fette und Salz auf den Speiseplan, natürlich möglichst hochwertig. Leinöl

beispielsweise enthält viele wichtige Omega-3-Fettsäuren. Wer gerne zusätzlich Süßigkeiten und Alkohol konsumiert, sollte dies in möglichst geringen Mengen tun. Außerdem wichtig: viel trinken!

»Eine vegane Ernährung ist kompliziert«

Vermutlich werden Sie an diesem Punkt schon mindestens einmal tief durchgeatmet und möglicherweise den Eindruck haben, das Ganze sei doch furchtbar kompliziert. Keine Angst, tatsächlich sollten Sie sich zwar gerade am Anfang etwas eingehender mit Ihrer Ernährung beschäftigen, was ja unabhängig vom Ernährungsstil eine gute Sache ist, doch eine vegane Ernährungsweise ist nicht so kompliziert, wie sie Ihnen vielleicht erscheinen mag. Sie müssen Ihren Speiseplan keineswegs streng nach (ernährungs-)wissenschaftlichen Gesichtspunkten ausrichten. Achten Sie einfach darauf, so abwechslungsreich wie möglich zu essen, viel Frisches und wenn möglich in vollwertiger Form. Variieren Sie häufiger Gemüse- und Obstsorten und sorgen Sie dafür, dass alle oben erwähnten Ernährungsbestandteile immer wieder auf Ihrem Teller landen.

DIE WICHTIGSTEN NÄHRSTOFFE

Sicherlich ist es hilfreich zu wissen, aus welchen Pflanzen man die benötigten Nährstoffe am besten bekommt. Schauen wir uns doch mal ein paar der wichtigsten an (eine umfangreichere Aufstellung finden Sie auf Seite 188f.).

PROTEIN (EIWEISS)

Protein ist nicht nur in Fleisch und Eiern enthalten, sondern auch in hohen Mengen in Nüssen, Samen, Soja-, Lupinen- und Getreideprodukten. Hülsenfrüchte sind ebenfalls proteinreich, zudem enthalten sie Ballaststoffe und wichtige sekundäre Pflanzenstoffe. Eiweiß besteht aus Aminosäuren, von denen acht essenziell sind. Es empfiehlt sich, die eben genannten Eiweißquellen möglichst oft miteinander zu kombinieren, da nicht alle Pflanzen alle essenziellen Aminosäuren enthalten.

FETTE

Während Fleisch vor allem gesättigte Fettsäuren enthält, sind die deutlich gesünderen mehrfach ungesättigten Fettsäuren hauptsächlich in Pflanzen zu finden – und das auch noch cholesterinfrei. Für den Körper besonders günstige Fette mit einem hohem Gehalt an Omega-3-Fettsäuren erhält man beispielsweise über Lein- oder Rapsöl sowie Nüsse.

KALZIUM

Kalzium steckt nicht nur in Milch. Grünes Blattgemüse, Brokkoli, Bohnen, Sesamsamen oder Mandeln enthalten anteilig sogar viel mehr Kalzium als Kuhmilch. Zudem sind viele Produkte wie Pflanzendrinks in mit Kalzium angereicherten Varianten erhältlich.

EISEN

Wer Angst vor einem Eisenmangel aufgrund einer fleischlosen Ernährung hat, kann sich entspannen: Kürbiskerne, Nüsse, Hirse, Soja, Trockenfrüchte oder Vollkornbrot sind hervorragende Eisenlieferanten. Durch den gleichzeitigen Verzehr von Vitamin-C-haltigen Lebensmitteln wird die Eisenaufnahme übrigens zusätzlich gefördert, indem man z.B. ein Glas Orangensaft dazu trinkt.

VITAMIN D

Vitamin D kann nicht über die Nahrung aufgenommen werden, sondern wird durch Sonneneinstrahlung erzeugt. Daher sollte man sich täglich 15 bis 30 Minuten draußen aufhalten, am besten zur Mittagszeit. In den Wintermonaten wird von einigen Ernährungsexperten eine Ergänzung durch Vitamin-D-Präparate oder angereicherte Lebensmittel empfohlen.

Auch mit allen anderen Nährstoffen und Vitaminen wie B1, B6, C, D2, E, Kalium, Magnesium oder Zink kann man sich über eine rein pflanzliche Ernährung ausreichend versorgen. Und satt werden Sie auch: Pflanzliche Lebensmittel stecken voller Kohlenhydrate, Ballaststoffe, Fette und Proteine.

IM AUGE BEHALTEN: VITAMIN B12

Ernährungswissenschaftler sehen bei einer veganen Ernährung die Aufnahme von Vitamin B12 als kritisch bzw. nicht gegeben an, da dieses Vitamin nur von Mikroorganismen (Bakterien) gebildet wird und in erster Linie in tierischen Produkten wie Fleisch und Milch vorkommt. Wer ausschließlich zu pflanzlichen Lebensmitteln greift, hat nach heutigem Stand der Wissenschaft Probleme, ausreichend Vitamin B12 zu sich zu nehmen, weshalb eine Supplementierung (also eine Ergänzung) von Vitamin B12 überwiegend empfohlen wird. Ein Vitamin-B12-Mangel wird zwar oft erst nach Jahren spürbar, kann dann aber gefährlich werden und im schlimmsten Fall zu irreparablen Schäden führen.

Viele Lebensmittel wie Sojadrinks werden inzwischen mit synthetischem B12 angereichert, selbst eine angereicherte Zahnpasta (von Santé) ist auf dem Markt. Eine höhere B12-Dosis bekommt man aber vor allem über Nahrungsergänzungspräparate in Form von Tabletten (u.a. in veganen Online-Shops erhältlich), Tropfen, Sprays oder Spritzen. Zu empfehlen ist ein jährlicher Bluttest (die Werte für Holo-Transcobalamin, Serum-Vitamin-B12 und Homocystein

sind zu testen). Übrigens: Ein B12-Mangel kann ebenso bei Fleischessern auftreten – genauso wie andere Mangelerscheinungen bei einer unausgewogenen Ernährung.

BESONDERE UMSTÄNDE

Ist eine vegane Ernährungsweise in jeder Lebensphase machbar und zu empfehlen? Grund-

sätzlich ja, sagt die Amerikanische Gesellschaft für Ernährung: »Gut geplante vegane und andere Formen der vegetarischen Ernährung sind für alle Phasen des Lebenszyklus geeignet, einschließlich Schwangerschaft, Stillzeit, frühe und spätere Kindheit und Adoleszenz.« Generell gilt: Besondere Lebensumstände oder -phasen erfordern besondere Sorgfalt, egal ob während einer Schwangerschaft, bei Lebensmittelunverträglichkeiten oder chronischen Krankheiten. Es empfiehlt sich, neben einer eingehenden Beschäftigung mit dem Thema eventuell auch mit dem Hausarzt über die geplante Ernährungsumstellung zu sprechen. Allerdings stehen viele Allgemeinmediziner der veganen Ernährung skeptisch gegenüber. Man sollte sich nicht allzu sehr verunsichern lassen und gegebenenfalls mindestens eine weitere Meinung einholen. Der Vegetarierbund Deutschland führt eine Liste Veggie-freundlicher Ärzte, die sich mit dem Thema eingehend beschäftigt haben.

Schwieriger ist es für Menschen, die unter Lebensmittelunverträglichkeiten leiden und beispielsweise nur glutenfreie Produkte essen können. Hier ist das Gesamtangebot an infrage kommenden Lebensmitteln natürlich deutlich reduzierter, wenn man zusätzlich vegan isst. Aber auch das ist durchaus machbar, und im Internet ist dazu viel Hilfreiches zu finden. Viele Menschen leiden unter einer Laktoseintoleranz, d.h., der Verzehr von Milchprodukten führt zu Beschwerden wie Krämpfen, Durchfall oder Blähungen. Wer vegan lebt, umgeht diese Probleme eleganterweise gleich komplett.

»Veganer sind dürr und kraftlos«

MYTHOS #5

Kennen Sie das Gefühl der Müdigkeit nach dem Verzehr eines Bratens oder anderer deftiger Fleischgerichte? Ihr Körper hat eine ganze Menge damit zu tun, diese Nahrung zu verarbeiten – und das kostet viel Energie, weshalb sich der eine oder andere am liebsten nach dem Mittagessen hinlegen würde. Sollte uns Nahrung aber nicht doch eigentlich Energie liefern, anstatt sie zu rauben? Pflanzliche Lebensmittel werden besser und mit weniger Energieaufwand ver-

WELCHE WEITEREN ERNÄHRUNGSFORMEN GIBT ES?

Vegetarier unterscheiden sich von Veganern dadurch, dass sie zwar kein Fleisch essen, aber weiterhin tierische Produkte konsumieren. Bei Ovo-Lacto-Vegetariern findet man weiterhin Milchprodukte und Eier auf dem Speiseplan, bei Ovo-Vegetariern noch Eier, bei Lacto-Vegetariern Milchprodukte. Ein strenger Vegetarier wäre im Prinzip ein Veganer.

Pescetarier essen neben tierischen Produkten zwar kein Fleisch, dafür aber Fisch. Der Begriff »Flexitarier« steht für einen bewussteren Konsumententypen, der in der Regel vegetarisch lebt, bisweilen aber Fleisch isst – dann aber nicht aus Massentierhaltung, sondern aus möglichst artgerechter Tierhaltung. Ein Frutarier oder Fruganer hingegen ernährt sich ausschließlich pflanzlich, will aber zudem der Natur keinen Schaden zufügen. Auf seinem Speiseplan stehen daher solche Früchte, Nüsse oder Samen, die man der Natur entnehmen kann, ohne die Pflanze selbst zu zerstören.

Ein krasser Gegenentwurf also zum Omnivoren, dem »Allesfresser«. Zu dieser Kategorie zählen die meisten Menschen weltweit. Sie essen nicht nur pflanzliche Produkte, sondern auch Tiere und tierische Produkte.

daut, man fühlt sich nach dem Essen fitter, nicht müder. Viele Hochleistungssportler schwören auf eine vegane Ernährung und erbringen den Beweis, dass man mindestens genauso leistungsfähig bleibt. Und warum auch nicht?

Überhaupt berichten Menschen, die auf eine vegane Ernährung umgestellt haben, quasi unisono, dass es ihnen seither körperlich deutlich besser geht. Nicht zuletzt wahrscheinlich auch deshalb, weil sich durch den bewussteren Konsum von Lebensmitteln meist insgesamt eine gesundheitsorientiertere Lebensweise einstellt. Eine ausgewogene vegane Ernährung ist somit eine gute Investition in die Gesundheit! Es klingt fast zu gut, um wahr zu sein, aber mit einer gewissen Sorgfalt ausgeführt, birgt eine vegane Ernährung tatsächlich keinerlei Nachteile, dafür jede Menge Vorteile – ein besseres Körpergefühl, neue Geschmackserlebnisse und ein ruhigeres Gewissen.

WAS ERWARTET SIE IN DIESEM BUCH?

Dieses Buch soll Sie ermutigen, es einmal mit der veganen Ernährung oder gar Lebensweise zu probieren – Schritt für Schritt. Falls Sie die Befürchtung haben, das Ganze sei ziemlich aufwendig, so kann ich das verstehen, denn die Umstellung geht mit dem Aufbrechen alter Gewohnheiten einher. Gleichzeitig kommt man nicht umhin, sich zu informieren. Doch das sollte Sie keineswegs abschrecken, denn Sie selbst bestimmen, wie weit und in welchem Tempo Sie überhaupt gehen möchten.

Vielleicht möchten Sie ab sofort komplett auf tierische Produkte verzichten, weil Sie alles andere mit Ihrer Überzeugung nicht mehr vereinbaren können. Sie sollten trotzdem aufpassen, dass Sie sich bei einem so plötzlichen Umstieg nicht überfordern, denn es gibt durchaus Stolperfallen. Bevor sich also Frustration breitmacht, wagen Sie den Umstieg lieber schrittweise. Das nachfolgende 10-Punkte-Programm soll Ihnen dabei helfen, nach und nach tierische Produkte durch pflanzliche zu ersetzen – nicht nur auf dem Speiseplan, sondern auch in anderen Lebensbereichen.

VON FLEISCHERSATZ ZU KREATIVER KÜCHE

Am Anfang ist es sinnvoll, Alternativen zu tierischen Produkten kennenzulernen: Wie ersetze ich Fisch und Fleisch, was nehme ich statt Eiern für meinen Kuchen und was lege ich mir statt einer Scheibe Käse aufs Brot? All das ist problemlos möglich, keine Frage. Ich möchte Ihnen jedoch zeigen, dass die vegane Küche sich im besten Fall auf Dauer nicht im 1:1-Austausch von tierischen gegen pflanzliche Produkte erschöpft. Natürlich können Sie fast jedes Gericht »veganisieren«, da Sie im veganen Handel eine riesige Auswahl an Fleisch- und Fischersatzprodukten finden.

Viel spannender und gesünder ist es aber, neue Gerichte zu entdecken oder zu kreieren, die leicht variiert werden können und ganz ohne Ersatzprodukte auskommen. Die rein pflanzliche Küche bietet wunderbare Aromen und viel Abwechslung. Gleichzeitig wird es weder schwieriger noch teurer, vegan zu kochen. Nichts überzeugt am Ende aber mehr als die Erkenntnis, dass man bei einer veganen Ernährung nicht auf tolle Geschmackserlebnisse verzichten muss und sowohl Einkauf als auch Zubereitung lediglich etwas Umgewöhnung erfordern.

Was dieses Buch nicht bieten oder ersetzen kann, sind ernährungsphysiologische Details oder gar ärztliche Beratung. Dazu ist das Themengebiet zu komplex, und jeder Mensch hat eine individuelle körperliche Konstitution. Sie sollten sich daher zu den für Sie besonders wichtigen Themen weiter informieren (Literaturtipps und Links finden Sie im Anhang). Das »10-Punkte-Programm für den Einstieg in das vegane Leben« soll Ihnen aber eine wertvolle Unterstützung und Motivationshilfe beim Einstieg sein, egal wie sehr Sie Ihren Speiseplan oder gar Ihre Lebensweise umstellen wollen. Jede vegane Mahlzeit hilft Tieren, Umwelt, Klima und Ihrer eigenen Gesundheit. Ich wünsche Ihnen viel Spaß beim Lesen und vor allem beim Entdecken der veganen Küche!

1. GENUSS OHNE FLEISCH UND FISCH

Der Einstieg in die vegane Küche gelingt besonders leicht, wenn man zunächst einmal altbekannte Rezepte »veganisiert«, indem man tierische Produkte gegen pflanzliche Produkte 1:1 austauscht. Mithilfe von Tofu, Seitan oder Sojaschnetzeln kann man sogar klassische Fleischgerichte ganz leicht in veganen Varianten nachkochen.

GENUSS OHNE FLEISCH UND FISCH

Wenn Sie vorhaben, zunehmend oder ganz auf Fleisch und Fisch zu verzichten, wird Ihre erste Frage lauten: »Was esse ich nun stattdessen?« Kein Problem: Es gibt passende Alternativen zu Schnitzel & Co., ganz ohne Tierleid. Diese sind in der Regel deutlich gesünder und mindestens genau so lecker.

WARUM AUF FLEISCH UND FISCH VERZICHTEN?

Es gibt eine ganze Reihe guter Gründe gegen den Verzehr von Fleisch. Der offensichtlichste ist das Leid der Tiere, die besonders in der Massentierhaltung unter grausamen Bedingungen leben und sterben.

TIERLEID

Durchschnittlich verzehrt jeder in Deutschland lebende Mensch ca. 60 Kilogramm Fleisch pro Jahr und damit gut 1000 Tiere im Laufe seines Lebens. Der überwiegende Teil der Bevölkerung isst vermutlich täglich Fleisch, nicht wenige sogar zu jeder Mahlzeit. Fleisch ist schließlich auch extrem günstig, ein halbes Hähnchen ist bereits für 2,50 Euro am Imbiss zu haben. Die Frage ist: Wie kann das so günstig sein? Nun, dieser Preis hat eben auch seinen Preis: riesige Massentierhaltungsbetriebe mit zigtausend Tieren, die ihr Dasein auf engstem Raum unter erbärmlichen Bedingungen fristen und möglichst günstig schnell und viel Fleisch, Eier oder Milch produzieren sollen, bevor ihr kurzes Leben beendet wird. Das alles hinter hohen Mauern, damit Konsumenten nicht der Appetit vergeht.

Die meisten Menschen dürften vermutlich trotzdem eine recht genaue Vorstellung davon haben, wie es in der Massentierhaltung aussieht, da solche Bilder im Internet kursieren und in TV-Sendungen immer häufiger gezeigt werden. Und doch versuchen die meisten, diese Bilder zu verdrängen, damit ihnen der Bissen nicht im Halse stecken bleibt. Auch ich habe das viele Jahre getan, wollte das alles gar nicht so genau wissen. Doch ab dem Zeitpunkt, an dem ich mich entschied, nicht mehr wegzuschauen, blieb mir persönlich keine andere Wahl mehr, als aufzuhören, Tiere zu essen. Zu präsent waren die Schreckensbilder nun in meinem Kopf.

Alleine in Deutschland werden jährlich rund 750 Millionen Tiere für den Verzehr geschlachtet, eine schwer vorstellbare Zahl. Für die Industrie sind Tiere letztlich keine Lebewesen, sondern einfach nur Produkte, die zu möglichst geringen Preisen in den Kühlregalen der Republik landen sollen – so präsentiert, dass der Käufer höchstens an glückliche Schweine oder Kühe auf der Weide denkt. Immer neue Fleischskandale reißen einen großen Teil der Bevölkerung zumindest für eine Weile aus diesen Illusionen, bevor die meisten doch recht schnell wieder zur Tagesordnung übergehen. Und doch sind ganz sicher jedes Mal einige Menschen dabei, die sich Gedanken machen und Konsequenzen ziehen. Kein Wunder, dass die Zahl der Vegetarier und Veganer immer weiter ansteigt. Zehn Prozent der Deutschen sollen sich bereits vegetarisch, über ein Prozent der Bevölkerung vegan ernähren, so der Vegetarierbund Deutschland.

»Biofleisch kaufen ist doch aber völlig in Ordnung!«

Viele Menschen – und dazu gehörte auch ich fast zehn Jahre lang – greifen auch deswegen zu

Biofleisch, weil sie davon ausgehen, dass Tiere auf Biohöfen artgerechter gehalten werden. Tatsächlich sind die Bedingungen dort insgesamt besser, aber auch in der Biohaltung werden je nach Bioverbands-Richtlinien häufig Schwänze oder Schnäbel kupiert, leben Tiere in Großbetrieben auf engem Raum und können ihre Instinkte nicht ausleben. Ihre Haltung muss am Ende des Tages für den Biobetrieb ebenso wirtschaftlich sein wie für konventionelle Betriebe. »Bio« bedeutet für die Tiere also eine minimale Verbesserung, getötet aber werden sie am Ende natürlich trotzdem.

GESUNDHEIT

Auch oder besonders die eigene Gesundheit ist ein mehr als lohnenswerter Grund, Fleisch, Fisch und weitere tierische Produkte vom Teller zu verbannen. Ihr Körper wird es Ihnen ganz sicher danken: Zu viele tierische Proteine sind nicht nur häufig Auslöser teilweise schwerer Krankheiten, Sie essen auch die Rückstände all jener Medikamente mit, die ein Tier in der Massentierhaltung verabreicht bekommt, z.B. diverse Antibiotika. Und auch Milch und Milchprodukte sind weniger gesund, als man so denkt.

UMWELT UND KLIMA

Betrachten Sie sich als Umwelt- oder Klimaschützer? Auch dann sollten Sie eine vegane Ernährung in Erwägung ziehen. Für den Futteranbau und die Tierhaltung werden ganze Ökosysteme zerstört, z.B. riesige Regenwaldflächen, um dort in Monokultur Soja- oder Maisanbau zu betreiben. Zurück bleiben wahre Mondlandschaften. Auch unsere Ozeane bleiben nicht unberührt. Fangschiffe ziehen gigantische Netze über den Meeresboden und zerstören dort fast alles, während in Aquakulturen der Fischkot mitsamt der verfütterten Anti-

FAKTEN ZUM FLEISCHKONSUM

» **1094 Tiere verspeist ein Deutscher durchschnittlich in seinem Leben.**
» **Weltweit werden pro Jahr 320 000 000 000 Kilogramm Fleisch produziert.**
» **3000 Tiere sterben pro Sekunde in den Schlachthöfen dieser Welt.**
» **27 000 Hühner werden pro Stunde in einem modernen Schlachthof getötet.**
» **70 % des Regenwaldes im Amazonasgebiet wurden bereits für das Weiden von Nutztieren abgeholzt.**
» **70 % der landwirtschaftlichen Flächen werden weltweit für die Produktion von tierischen Lebensmitteln genutzt.**
» **51 % der Treibhausgasemissionen weltweit werden durch Fleischkonsum verursacht.**

biotika ins Grundwasser gerät. Übrigens: Fische können durchaus Schmerzen empfinden, auch wenn sie nicht schreien können.

Wer vegan lebt, hinterlässt einen deutlich geringeren ökologischen Fußabdruck, denn der größte Verursacher von Treibhausgasemissionen ist nicht der weltweite Verkehr, sondern der Fleischkonsum mit all seinen Facetten und Folgen. Ein großer Teil der fossilen Energien wird darauf verwendet, Nutztiere zu züchten, hinzu kommen ein extrem hoher Verbrauch von Trinkwasserressourcen und weitere negative Konsequenzen für Umwelt und Klima.

INEFFIZIENZ UND HUNGER

Die Nahrungsgewinnung über das Tier ist extrem ineffizient. Beispiel Rindfleisch: Es werden 10 bis 15 Kilogramm Futter (z.B. Getreide) benötigt, um am Ende ein Kilogramm Fleisch zu erhalten, zudem werden rund 15 000 Liter Wasser dafür verbraucht. Fleischkonsum bedeutet somit eine große Verschwendung an

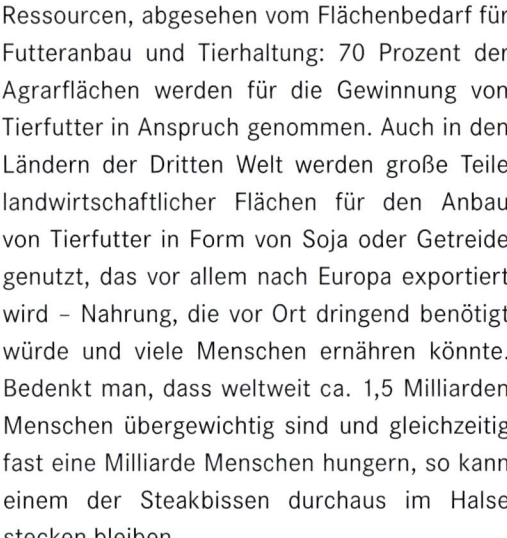

Ressourcen, abgesehen vom Flächenbedarf für Futteranbau und Tierhaltung: 70 Prozent der Agrarflächen werden für die Gewinnung von Tierfutter in Anspruch genommen. Auch in den Ländern der Dritten Welt werden große Teile landwirtschaftlicher Flächen für den Anbau von Tierfutter in Form von Soja oder Getreide genutzt, das vor allem nach Europa exportiert wird – Nahrung, die vor Ort dringend benötigt würde und viele Menschen ernähren könnte. Bedenkt man, dass weltweit ca. 1,5 Milliarden Menschen übergewichtig sind und gleichzeitig fast eine Milliarde Menschen hungern, so kann einem der Steakbissen durchaus im Halse stecken bleiben.

Eine sehr aufwendige Untersuchung der Universität Halle kommt zu dem Fazit: »Würde sich die Bevölkerung Deutschlands ausschließlich pflanzlich ernähren, also vegan, und würden keine Lebensmittel mehr auf dem Müll landen, ließe sich der Flächenverbrauch der Landwirtschaft um gut die Hälfte reduzieren – oder mit der gleichen Fläche doppelt so viele Menschen ernähren.« Es gibt also eine ganze Reihe guter Gründe, auf Fleisch und Fisch zu verzichten – doch was kann man stattdessen essen?

Von heute auf morgen komplett auf Fleisch und Fisch zu verzichten ist sicher nicht einfach, gerade wenn man noch nicht weiß, wie man vegetarisch oder gar vegan kochen kann. Bestimmt werden Sie auch hin und wieder den Geschmack von Fleisch vermissen. Oder aber Sie erleben Situationen, in denen es keine Alternativen zu Fleischgerichten gibt und es unangenehm ist, Extrawünsche äußern zu müssen, beispielsweise bei der Bestellung im Restaurant. Das ist verständlich und nachvollziehbar, aber Sie werden sehen: Mit der Zeit klappt all das immer besser, und Ihre vegane Ernährung wird für Sie selbst

und Ihr Umfeld zunehmend selbstverständlich. Die offensichtlichste Frage ist aber zunächst: Was sind geeignete pflanzliche Alternativen zu Fleisch und Fisch?

PFLANZLICHE ALTERNATIVEN

Wer heute einen veganen Supermarkt oder einen Online-Shop besucht, wird sehen, dass es zu fast allen Fleischprodukten ein pflanzliches Pendant gibt, egal ob zu Schnitzel, Gyros, Rouladen, Braten, Würstchen, Aufschnitten wie Salami oder Lyoner, Fischstäbchen, Shrimps oder gar Hähnchenschlegeln. Selbst ein ganzes Hähnchen oder einen gefüllten Truthahn bekommt man in der veganen Variante – auch wenn angesichts solcher Produkte selbst mancher Veganer den Kopf schüttelt. Praktisch und hilfreich beim Umstieg sind diese Produkte aber allemal, weil man gewohnte Gerichte einfach veganisieren kann, indem man beispielsweise einfach das Schweineschnitzel gegen ein Sojaschnitzel austauscht. So richtig gesund sind solche Fleischersatzprodukte aber meist nicht, denn es handelt sich hier um mehr oder weniger stark verarbeitete Lebensmittel, nicht selten angereichert mit Zusatzstoffen wie z.B. Geschmacksverstärkern. Ein Blick auf die Inhaltsliste ist daher stets empfehlenswert.

Abgesehen von solchen industriell hergestellten Ersatzprodukten bietet die vegane Küche aber eine ganze Reihe anderer Lebensmittel, die man wunderbar nutzen kann, um klassische fleischhaltige Gerichte oder eben ganz neue Kreationen auf den Tisch zu bringen. Die bekanntesten sind: Tofu, Seitan, Tempeh, Lupine und TVP (»textured vegetable proteine«/texturiertes Soja). Diese sind nicht mit den eben genannten stark verarbeiteten Ersatzprodukten gleichzusetzen, sondern ganz eigenständige Lebensmittel, die teilweise schon seit Jahrhunderten benutzt werden, vor allem in der asiatischen Küche. Am bekanntesten ist sicherlich Tofu.

TOFU

Tofu ist gerade in der asiatischen Küche seit Langem Bestandteil traditioneller vegetarischer Gerichte und fand durch buddhistische Mönche eine weite Verbreitung. Hergestellt wird Tofu aus Sojabohnen, Wasser und einem pflanzlichen Gerinnungsmittel (Nigari). Das Herstellungsverfahren ähnelt dem von Käse. Tofu findet man in verschiedensten Konsistenzen und Varianten vor, die gängigsten und bei uns verfügbaren sind der cremige Seidentofu, der festere Naturtofu sowie der würzige Räuchertofu. Tofu hat zwar keinen Eigengeschmack, kann aber durch Beigabe von Gewürzen, Kräutern, Ölen, Marinaden etc. verschiedene Geschmacksrichtungen annehmen. Man kann den Tofu selbst bearbeiten oder im Kühlregal in verschiedenen Geschmacksrichtungen fertig bekommen – egal ob Basilikum, Kräuter, Curry, Algen oder Sesam, die Vielfalt ist riesig.

Seidentofu findet vor allem in Desserts wie veganer Mousse au Chocolat (Rezept S. 77) häufig Verwendung, fester Naturtofu hingegen ist äußerst vielfältig verwendbar, z.B. für eine vegane Bolognese (Rezept S. 161), während Räuchertofu vor allem benutzt wird, um Gerichten wie einem Rührtofu (Rezept S. 66) eine deftige Note zu verpassen. Tofu kann gebraten, gebacken, frittiert, paniert, mariniert, geräuchert oder gegrillt werden. Gewürzter oder geräucherter Tofu schmeckt auch kalt, beispielsweise als Brotbelag oder im Salat. Nicht aufgebrauchte Tofublöcke sollten kühl und am besten mit Wasser bedeckt in einer Dose aufbewahrt werden. Die Blöcke können auch eingefroren werden, sind nach dem Auftauen aber ziemlich bröckelig.

Tofu ist ein hervorragender Eiweißlieferant, enthält zudem viele Vitamine, Mineralstoffe und sekundäre Pflanzenstoffe, außerdem alle essenziellen Aminosäuren. Er ist cholesterin-, gluten- und laktosefrei. Der Klassiker der veganen Küche ist also äußerst vielseitig einsetzbar und ein Produkt, das nicht im Kühlschrank fehlen sollte. Es empfiehlt sich der Griff zu Bioprodukten, da hier ausgeschlossen ist, dass genmanipulierte Sojabohnen verarbeitet wurden. Wer möchte, kann Tofu übrigens auch selbst sehr günstig herstellen.

»Tofu zerstört den Regenwald und ist ungesund«

Beschäftigt man sich eingehender mit dem Lebensmittel Soja, stößt man schnell auf Befürworter und Gegner der vielseitigen Bohne. Die Aussage, als Veganer wäre man mitverantwortlich, dass für den Sojaanbau der Regenwald abgeholzt wird, kann man sehr klar widerlegen: Nur ein verschwindend geringer Teil der angebauten Sojabohnen wird für die Herstellung von Tofu verwendet, der größte Teil dient der Herstellung von Tierfutter. Zudem werden die für die Tofuproduktion benötigten Sojabohnen zunehmend in Südeuropa und teilweise sogar in Deutschland angebaut. Der gesundheitliche Effekt von Sojaprodukten wird von so manchem Ernährungsexperten kritisch betrachtet, insgesamt aber überwiegen die positiven Meinungen zum Verzehr von Soja deutlich. Letztlich scheint es bei Sojaprodukten – wie bei den meisten anderen Lebensmitteln auch – auf die verzehrte Menge anzukommen. Soja kann durchaus auch Allergien auslösen, viele Menschen leiden unter einer entsprechenden Unverträglichkeit.

SEITAN

Weniger bekannt und doch nicht minder interessant ist Seitan, das aus purem Weizeneiweiß

(Gluten) hergestellt wird, welches wiederum durch das Auswaschen der Stärke aus Weizen gewonnen wird. Seitan besitzt eine stark an Fleisch erinnernde Textur. Dadurch eignet es sich hervorragend als Grundlage für die Herstellung von »fleischigen« Ersatzprodukten wie Würstchen, Aufschnitt oder Burgern. Entwickelt wurde Seitan von buddhistischen Mönchen.

Seitan kann sehr günstig selbst hergestellt werden. Am einfachsten funktioniert das mit fertigem Seitanpulver (z.B. »Seitanfix« von Vantastic Foods), dem Sie nur noch Wasser und Gewürze beifügen müssen, falls Sie sich den etwas aufwendigeren Prozess, Stärke aus Wei-

zenmehl auszuwaschen, sparen wollen. Firmen wie Nagel oder Viani haben fertiges Seitan im Angebot, das Sie ganz einfach nach Wunsch schneiden und weiterverarbeiten können.

Fleischersatzprodukte auf Seitan-Basis wie Gyros, Gulasch oder Schnitzel finden Sie im Bioladen, Reformhaus oder im veganen Handel. Im Asialaden gibt es Produkte wie z.B. »Mock Duck« zu kaufen, die aus Seitan hergestellt wurden und sehr authentisch nach Ente, Rind, Lamm oder Hühnchen schmecken. Seitan hat einen hohen Proteingehalt, enthält kaum Fett und kein Cholesterin. Sie können Seitan wie Tofu pur essen, braten, kochen, panieren oder frittieren.

GLUTENFREI UND SOJAFREI

Immer mehr Menschen leiden unter Zöliakie, d.h., sie vertragen kein Gluten. Gluten ist ein in vielen Getreidesorten vorkommendes Klebereiweiß. Wer unter einer Glutenunverträglichkeit leidet, muss Getreidesorten wie Weizen, Dinkel und Grünkern, Emmer, Einkorn, Gerste, Hafer, Roggen, Kamut und Wildreis meiden. Auch Seitan ist somit leider tabu, da es komplett aus Gluten besteht. Glutenfreie Getreidealternativen sind Reis, Mais, Buchweizen, Hirse, Quinoa oder Amaranth. Gluten kann allerdings auch in vielen weiteren Produkten enthalten sein wie z.B. in Sojasauce, Gewürzmischungen, veganen Würstchen oder in Backpulver. Besonders Reformhäuser haben ein immer größeres Angebot an glutenfreien Produkten im Sortiment.

Wer unter einer Sojaallergie leidet, sollte Produkte wie Tofu, Sojadrinks, Sojapudding, Sojajoghurt, Sojasahne, Sojaeis, Sojamehl und Sojasauce von seiner Einkaufsliste streichen. Alternativen zu Sojadrinks sind Reis- und Haferdrinks, statt Tofu können Lupinenprodukte eingekauft werden. Grundsätzlich sollten Sie sich bei vorhandenen Unverträglichkeiten eingehend informieren, gerade weil die vegane Küche vermutlich viele bislang unbekannte Produkte für Sie bereithält.

TEMPEH

Tempeh wird zwar wie Tofu ebenfalls aus Sojabohnen hergestellt, allerdings nach einem ganz anderen Prinzip: Gekochte und geschälte Sojabohnen werden mit einem Edelschimmelpilz geimpft und dadurch fermentiert. Tempeh kann in Scheiben geschnitten gebraten, gedünstet, paniert, gegrillt oder frittiert werden. Das Ergebnis schmeckt besonders gut in Gemüsepfannen, auf Salaten oder in Wokgerichten. Gekauft werden kann Tempeh in Rollen oder Scheiben, in der Naturvariante oder geräuchert. Dieses Produkt sollten Sie unbedingt mal ausprobieren, z.B. die Rote-Bete-Tempeh-Türmchen mit Blumenkohl-Topinambur-Stampf von Seite 84.

LUPINEN

Lupinenpflanzen gehören zur Gattung der Hülsenfrüchte. Aus ihren Samen kann ein Fleischersatz oder auch leckeres Eis hergestellt werden (z.B. »Lupinesse«). Lupinenprodukte bekommt man in verschiedenen Varianten im Kühlregal, z.B. als Schnitzel oder in Würstchenform. Interessant ist, dass Lupinen auch in Deutschland wachsen, sodass die Transportwege kurz sind. Die Lupine ist darüber hinaus eine gute Alternative für alle Menschen, die eine Soja- oder Glutenunverträglichkeit haben. Die Lupine enthält viel Protein, Ballast- und Mineralstoffe, dafür kein Fett.

TEXTURIERTES SOJA (TVP)

Eine günstige, aber zunächst mal sehr trockene Angelegenheit ist texturiertes Soja, oft Sojafleisch genannt. Produkte wie »Big Steaks«, »Sojanuggets«, »Sojagranulat«, »Sojawürfel« und andere Varianten sind erst einmal hart und relativ geschmacksneutral. Nach dem Einweichen (beispielsweise in Gemüsebrühe oder Sojasauce) gewinnen sie an Geschmack und können z.B. zu Gulasch (Rezept S. 33), Knusperbuletten (Rezept S. 29) oder Geschnetzeltem (Rezept S. 30) weiterverarbeitet werden. Man sollte sie allerdings vor der weiteren Verwendung kurz abkühlen lassen und dann fest auspressen. Ähnlich wie Tofu ist TVP recht geschmacksneutral, nimmt aber durch Würzen den gewünschten Geschmack gut an – und ist daher eine gute Alternative in klassischen Fleischgerichten.

»Warum essen Veganer etwas, das wie Fleisch aussieht und schmeckt?«

Eine sehr häufig gestellte Frage, die ganz leicht zu beantworten ist: Die wenigsten Menschen dürften wohl aus Geschmacksgründen Veganer werden, sondern viel häufiger aus ethischen oder gesundheitlichen Gründen. Fast jeder aber wird von klein auf den Geschmack von Fleisch gewöhnt sein. Bei der Umstellung auf eine vegane Ernährung hilft es vielen, auf Produkte zurückgreifen zu können, die tierische Produkte in Geschmack und Aussehen nachahmen, um so geliebte Gerichte und Aromen nicht missen

zu müssen – aber gleichzeitig kein Tierleid mehr zu verursachen.

WAS IST MIT FISCH?

Wer den speziellen Fischgeschmack vermisst, der sollte es einmal mit Algen probieren. Die sind nicht nur lecker, sondern auch noch äußerst gesund, und können auch veganen Gerichten zu einem Fischgeschmack verhelfen. Nori-Algenblätter beispielsweise bekommt man in jedem Asialaden. Diese können klein geschnitten, eingeweicht und mitgekocht oder gebacken werden. Damit können Sie sogar einen »Heringssalat« (Rezept S. 31) oder ein »Thunfisch«-Sandwich (Rezept S. 38) zaubern. Darüber hinaus bekommt man im veganen Handel auch Produkte, die Scampi, Tintenfischringe, Lachsfilet und viele andere Fischprodukte imitieren.

WOMIT BELEGE ICH MEIN BROT, WENN (TIERISCHE) WURST WEGFÄLLT?

Inzwischen gibt es ein riesiges Angebot an veganen Wurstalternativen, egal ob zu Salami, Lyoner, Schinken oder Frühstücksspeck. Diese schmecken teilweise verblüffend ähnlich wie das tierische Pendant, sind aber wie schon erwähnt industriell verarbeitet und daher bisweilen nicht übermäßig gesund. Sicher schadet es aber auch nicht, sich hin und wieder eine Scheibe vegane Salami auf das Brötchen zu legen.

Es gibt aber noch sehr viele weitere Alternativen für Brot und Brötchen. Schauen Sie sich mal das Angebot an veganen Pflanzenaufstrichen im Bioladen oder im Reformhaus an – es ist immens und äußerst vielfältig. Egal ob Sie eher auf Rucola-Tomaten-Aufstrich, vegane Leberwurst oder veganen Zwiebelschmalz stehen – hier dürfte wirklich für jeden Geschmack etwas dabei sein. Pflanzliche Aufstriche sind außerdem recht leicht selbst herzustellen. Mein Lieblingsbrotaufstrich ist Avocado mit etwas Salz, Pfeffer und Zitrone – einfach köstlich. Wenn Sie den Geschmack von Eiern mögen, würzen Sie die Avocadoscheiben einfach mit Kala Namak, einem indischem Steinsalz, das einen schwefelartigen Geruch und Geschmack aufweist. Toll eignen sich auch angebratene oder kalte Räuchertofuscheiben sowie Tomaten mit Salz und Pfeffer. Oder schauen Sie sich mal unsere kreativen Sandwiches von Seite 116 an. Wurst mit oder ohne Gesicht wird man auf jeden Fall nicht vermissen!

WO KAUFE ICH DAS ALLES EIN?

Praktisch, wenn man einen rein veganen Supermarkt wie das »Veganz« in der Nähe hat, denn hier besteht keine Gefahr, Produkte mit tierischen Inhaltsstoffen zu kaufen. Mit etwas mehr Aufmerksamkeit kann man aber auch in jedem Bioladen oder Supermarkt alles einkaufen, was man für eine vegane Ernährung benötigt, denn hauptsächlich sollten Gemüse, Obst, Hülsenfrüchte, Getreide, Nüsse und Samen sowie gute Öle auf der Liste stehen. Wer darüber hinaus speziellere Produkte wie vegane Scampi, geräucherten Tempeh oder einen Hanfdrink kaufen möchte, der kann diese auch online bestellen, falls kein veganer Laden in der Nähe ist. Naturtofu und zumeist auch Räuchertofu gibt es inzwischen aber in fast jedem Supermarkt, während Sie gewürzten Tofu, Seidentofu, Seitan, Tempeh und texturiertes Soja im Biomarkt, im Reformhaus, im veganen Supermarkt oder im veganen Online-Handel finden. Einige Einkaufsadressen finden Sie ab Seite 193.

Ein wirklich großes Angebot an veganen Produkten findet man übrigens in allen Reformhäusern. Reformhäuser legen seit vielen Jahr-

---

VEGANE FRÜHSTÜCKSIDEEN

» **Brot (hier informieren, ob vegan) mit herzhaften pflanzlichen Aufstrichen wie Guacamole**
» **Brot mit süßen veganen Aufstrichen wie Marmelade, Erdnussbutter oder veganem Schokoaufstrich**
» **Sojajoghurt mit Früchten**
» **Rührtofu (Rezept S. 66)**
» **Obstsalat**
» **Veganes Müsli mit Pflanzenmilch**
» **Smoothies (Rezepte S. 106)**
» **Sandwichvariationen (Rezepte S. 116)**
» **Chiapudding (Rezept S. 172)**
» **Kokosmilchreis mit Nusskrokant (Rezept S. 166)**
» **Overnight-Superfoods-Oats (Rezept S. 179)**

---

zehnten ihren Fokus auf eine vegetarische und vollwertige Ernährung, dazu möglichst in Bioqualität. Inzwischen wurde sogar ein eigenes Veganlabel entwickelt, das vegane Produkte in den Regalen deutlich kennzeichnet. Außerdem bekommt man in den Filialen eine kompetente Beratung statt fragenden Blicke – es lohnt sich also auf jeden Fall, dort einmal vorbeizuschauen. Unbedingt sollten Sie auch einmal im Asialaden vorbeischauen, denn hier finden Sie eine Menge veganer Produkte, da gerade in der asiatischen Küche viele Gerichte vegan zubereitet werden. Unter anderem bekommen Sie Produkte wie Mock Dock, diverse Tofusorten, TVP, Kokosmilch und vieles mehr.

Die folgenden Rezepte kommen ohne Fleisch und Fisch, ja sogar komplett ohne tierische Produkte aus. Wenn Sie zunächst mal nur Fleisch und Fisch weglassen möchten, aber zumindest für den Moment noch tierische Produkte nutzen oder aufbrauchen möchten, so ersetzen Sie einfach Produkte wie Sojamilch oder Sojasahne in den Rezepten durch tierische Pendants in gleicher Menge. Ich möchte Sie aber ermuntern, es gleich komplett vegan zu versuchen!

EINIGE HINWEISE ZU DEN REZEPTEN

- Lesen Sie das Rezept immer einmal komplett durch, bevor Sie mit der Vorbereitung beginnen.
- Legen Sie sich alle Zutaten vorher zurecht. So können Sie gleich feststellen, ob wirklich alle Zutaten vorhanden sind. Und wenn es einmal hektischer wird, ist alles zur Hand.
- Die Zutaten sind stets in der Reihenfolge ihrer Verwendung im Rezept aufgeführt.
- Jeder Herd ist anders! Betrachten Sie die Zeitangaben für Koch- oder Backzeiten lediglich als Anhaltspunkte, denn die benötigten Zeiten können je nach Herdtyp stark abweichen. Vertrauen Sie vor allem Ihren eigenen Erfahrungen oder testen Sie zwischendurch, ob die Zutaten bereits gar sind.
- Sie müssen sich beim Kochen nicht immer sklavisch an die Mengenangaben halten. Natürlich sollten Sie vorsichtig bei der Verwendung von Gewürzen sein, denn niemand mag sein Essen versalzen. Letztlich aber gilt: Essen ist Geschmackssache, der eine mag es schärfer, die andere salziger. Unerfahrene Köche werden mit der Zeit geübter im richtigen Einschätzen benötigter Mengen sein. Beim Backen hingegen sollten Sie sich eng an die Rezeptvorgaben halten, denn hier sind die richtigen Mengenverhältnisse äußerst wichtig, damit ein Teig funktioniert.
- Variieren Sie! Sie werden schnell feststellen, dass viele Rezepte ganz einfach abzuwandeln sind, und genau darum geht es auch: Die Rezepte sollen Ihnen Starthilfen sein, am tollsten aber ist es doch, selbst kreativ zu sein. Und nicht verzweifeln, falls mal eine Zutat fehlt, wandeln Sie das Rezept einfach leicht ab. Das Schöne an der veganen Küche ist, dass gerade die Vielfalt an Gemüsesorten jede Menge Raum für Kreativität lässt.

Einkaufszettel

Folgende Produkte sollten auf Ihrem nächsten Einkaufszettel stehen:

- Naturtofu (z.B. von Taifun)
- Räuchertofu (z.B. von Taifun oder Viana)
- Gewürzter Tofu (z.B. Basilikumtofu von Taifun)
- Seitan (fertig von Viana oder Nagel) oder Seitanfix zum Selbstmachen
- Tempeh (natur oder geräuchert, z.B. von Nagel)
- Sojagranulat (fein und grob, Würfel, Medaillons)
- Algen (z.B. Nori-Algenblätter)

Falls Sie es gleich komplett vegan versuchen wollen, auch noch folgende Produkte:

- Soja- oder Reissahne (auch unter der Bezeichnung »Cuisine« oder »Creme« zu finden, z.B. Alpro Soya Cuisine)
- Soja- oder Haferdrink (z.B. von Natumi oder Provamel)
- Vegane Butter (z.B. von Alsan)

TEMPEH

VEGANE WURST

RÄUCHERTOFU

SEITAN

VEGANER AUFSCHNITT

SEITANSCHNETZEL

KRÄUTERTOFU

NATURTOFU

SEITAN

ZUTATEN FÜR 2 PERSONEN

⏱ 10 Min. + 20 Min. Kochzeit

250 g Seitanpulver

Gewürze nach Belieben:
Paprika, Knoblauch
(-granulat), Majoran,
Kräutersalz, Pfeffer
oder eine fertige
Gewürzmischung

1. Seitanpulver in eine Schüssel geben.

2. Gewürze großzügig nach Belieben hinzufügen: Paprika, Knoblauch(-granulat), Majoran, Kräutersalz, Pfeffer. (Im veganen Online-Handel gibt es auch spezielle Gewürzmischungen für die Zubereitung von veganem Gyros, Gulasch und vielen weiteren Gerichten.)

3. Mit ¼ Liter kaltem Wasser verkneten, bis ein Klumpen von gummiartiger Konsistenz entstanden ist.

4. Mindestens 1,5 Liter Wasser in einem großen Topf zum Kochen bringen und der gewünschten Geschmacksrichtung entsprechend stark würzen.

5. Soll es ganz einfach und schnell gehen, 3 Esslöffel Gemüsebrühe hineingeben. Noch mehr Pep bekommen der Sud und somit der Seitan aber mit Sojasauce, Lorbeerblättern, Tomatenmark, klein gehackten Zwiebeln und weiteren Gewürzen nach Wunsch.

6. Den Seitanklumpen in Scheiben, Streifen, Schnetzel, Würfel etc. schneiden und in den kochenden Sud geben. Der Seitan kann auch nach dem Kochen (im nächsten Schritt) zugeschnitten werden, so aber nehmen die Seitanstücke stärker den Geschmack der Gewürze an.

7. Den Seitan für mindestens 20 Minuten (Anleitung auf der Seitanpulverpackung beachten) mit Deckel bei schwacher Hitze köcheln, in ein Sieb abgießen und abkühlen lassen. Anschließend weiterverarbeiten, z.B. zu Seitanschnitzeln oder Gulasch.

Seitan eignet sich überall dort hervorragend, wo man klassische Fleischgerichte »veganisieren« möchte. Hergestellt wird er aus Weizeneiweiß (Gluten). Seitan kann zwar fertig gekauft werden, ist aber sehr einfach und kostengünstig selbst herzustellen. Am einfachsten geht das mit Glutenpulver (z.B. Seitanfix von Vantastic Foods), dem nur noch Wasser hinzugefügt werden muss. Seitanpulver kann auch aus Weizenmehl direkt gewonnen werden, doch diese Variante ist recht aufwendig, da das Weizeneiweiß hier aus dem Mehl ausgewaschen werden muss.

Seitan hält sich im Kühlschrank ein paar Tage, gerne im aufgefangenen Sud, kann aber auch in Gefrierbeuteln eingefroren werden.

KETCHUP

ZUTATEN FÜR CA. 700 ML

⏱ 10 Min.

1 kg Tomaten
1 Zwiebel
1 Apfel
2 EL neutrales Öl
⅛ l Apfelessig
(z.B. »naturtrüb« von Byodo)
1 EL Agavendicksaft
1 EL Salz
25 g Rohrzucker
gemahlener Pfeffer

1. Tomaten einritzen, mit kochendem Wasser überbrühen, Haut abziehen und Fruchtfleisch grob würfeln.

2. Zwiebel abziehen und fein würfeln. Apfel waschen, vierteln, entkernen und ebenfalls klein würfeln. Öl in einer Pfanne erhitzen, Zwiebel kurz anrösten lassen, dann Tomaten und Apfel dazugeben, 5 Minuten köcheln lassen.

3. Topf vom Herd nehmen, die anderen Zutaten hinzugeben und mit einem Stabmixer pürieren.

4. Abkühlen lassen und in sterile, verschließbare Glasbehälter geben.

DUNKLE SAUCE

ZUTATEN FÜR CA. 600 ML

⏱ 10 Min. + 15 Min. Kochzeit

1 Zwiebel
2 Knoblauchzehen
nach Geschmack
Zucchini, Möhre,
Lauch oder Sellerie
2-3 EL neutrales Öl
1 EL Tomatenmark
2 EL Mehl
½ l Gemüsebrühe
2 EL Sojasauce
Salz
Pfeffer
optional 100 g Soja- oder
Hafersahne
optional frische Kräuter

1. Zwiebel und Knoblauch abziehen und fein würfeln. Gemüse nach Wahl klein hacken.

2. Öl in einer Pfanne erhitzen. Zwiebel und Knoblauch kurz anschwitzen, dann Gemüse hinzugeben und alles zusammen scharf anbraten.

3. Mit dem Tomatenmark kurz karamellisieren. Mehl dazugeben und anschwitzen.

4. Mit Gemüsebrühe ablöschen und 10 Minuten köcheln lassen.

5. Sojasauce dazugeben, mit Salz und Pfeffer abschmecken und erneut kurz aufkochen lassen.

6. Für eine feine Konsistenz die Sauce kurz mit dem Stabmixer durchmixen. Optional kann noch Soja- oder Hafersahne dazugegeben werden.

7. Diese Grundsauce kann mit gehackten Kräutern verfeinert werden.

CHILI SIN CARNE

ZUTATEN FÜR 4 PERSONEN

⏲ 30 Min.

2 Paprikaschoten
1 Zwiebel
2 Knoblauchzehen
4 Kartoffeln (festkochend)
2 EL neutrales Öl
400 g Sojahack
2 Dosen Pizzatomaten
2 EL Tomatenmark
1 EL Oregano
200 ml Gemüsebrühe
1 TL Salz
1 TL Zucker
Chilischoten (rot) oder Chilipulver
1 Dose (400 g) Kidneybohnen
1 Dose (oder Glas, 230 g) Mais
1-2 Messerspitzen Cayennepfeffer
2 TL Paprikapulver (edelsüß)

1. Paprikaschoten waschen, entkernen und grob würfeln. Zwiebel und Knoblauch abziehen und fein würfeln. Kartoffeln schälen und grob würfeln.

2. Öl in einem Topf erhitzen. Zwiebel anschwitzen, dann Sojahack, Paprika und Knoblauch dazugeben und scharf anbraten.

3. Pizzatomaten, Kartoffeln, Tomatenmark, Oregano, Gemüsebrühe, Salz und Zucker dazugeben, kurz aufkochen und bei geringer Hitze köcheln lassen.

4. Je nach gewünschter Schärfe klein gehackte Chilischoten oder Chilipulver dazugeben.

5. Derweil Kidneybohnen und Mais abtropfen lassen. Nach 15 Minuten dazugeben und für weitere 5 Minuten köcheln lassen.

6. Mit Gewürzen abschmecken.

28

KNUSPERBULETTEN MIT KARTOFFELSALAT

ZUTATEN FÜR 2 PERSONEN

⏲ 40 Min. + 45 Min. Ruhezeit

Für die Knusperbuletten

100 g Sojaschnetzel (fein)
½ l Gemüsebrühe
1 kleine Zwiebel
1 Knoblauchzehe
50 g Dinkelbrösel (Paniermehl)
50 g Haferflocken (grob)
1 EL Speisestärke
1 EL Senf
½ TL Paprikapulver (edelsüß)
½ TL Cayennepfeffer
1 TL Majoran
Pfeffer
Salz
2 EL neutrales Öl

Für den Kartoffelsalat

300 g Kartoffeln (festkochend)
1 Zwiebel
5 Gewürzgurken
100 ml vegane Mayonnaise
1 TL Dillspitzen (gerebelt)
1 Messerspitze Paprikapulver (rosenscharf)
1 Messerspitze Cayennepfeffer

ZUBEREITUNG KNUSPERBULETTEN

1. Sojaschnetzel mit heißer Gemüsebrühe übergießen und für mindestens 15 Minuten einweichen, anschließend in ein Sieb abgießen und auspressen.

2. Zwiebel und Knoblauch abziehen und fein würfeln. Mit Sojaschnetzeln, Dinkelbröseln, Haferflocken, Speisestärke (mit 2 Esslöffel Wasser angerührt), Senf und den Gewürzen in einer Schüssel mischen. Aus der Masse Buletten formen und diese für mindestens 30 Minuten ruhen lassen.

3. Öl in die heiße Pfanne geben und die Buletten von beiden Seiten jeweils 5 Minuten bei geringer bis mittlerer Hitze goldbraun braten.

ZUBEREITUNG KARTOFFELSALAT

1. Inzwischen Kartoffeln mit Schale ca. 25 Minuten gar kochen. Abkühlen lassen, pellen und in Würfel oder Scheiben schneiden.

2. Zwiebel abziehen und fein würfeln, Gewürzgurken ebenfalls würfeln.

3. Zusammen mit den anderen Zutaten zu den Kartoffeln geben und alles vorsichtig durchmischen.

ZÜRCHER SOJAGESCHNETZELTES MIT KARTOFFEL-PETERSILIEN-WURZEL-RÖSTI

ZUTATEN FÜR 4 PERSONEN
⏳ 40-50 Min.

Für 10-12 Rösti

700 g Kartoffeln (festkochend)
300 g Petersilienwurzeln
¼ Bund frische Petersilie
1 TL Salz
½ TL Pfeffer
½ TL gemahlener Kümmel
1 Prise Muskatnuss, frisch
gerieben
2 EL Kichererbsenmehl
neutrales Öl

Für das Sojageschnetzelte

60 g Sojaschnetzel (grob)
⅛ l Gemüsebrühe
250 g braune Champignons
1-2 Zwiebeln
½ Bund frische Petersilie
2 EL neutrales Öl
1 EL Sojasauce
1 Schuss Weißwein
250 g Sojasahne
2 EL Hefeflocken
Salz
weißer Pfeffer
1 Prise Muskatnuss, frisch
gerieben

1. Kartoffeln und Petersilienwurzeln schälen und reiben. Petersilie hacken. Beides in einer Rührschüssel mit Salz, Pfeffer, Kümmel und Muskat mischen. Petersilie und Kichererbsenmehl dazugeben.

2. Ofen auf 120 °C (Umluft 100 °C, Gas Stufe 1) vorheizen. Reichlich Öl in einer Pfanne erhitzen und die Röstimasse portionsweise in der gewünschten Größe mit einem Löffel in das heiße Öl geben. Von beiden Seiten goldbraun anbraten, dann kurz auf etwas Küchenpapier abtropfen lassen und im Ofen warm halten.

3. Sojaschnetzel in einem Sieb mit klarem Wasser abspülen. Anschließend in Gemüsebrühe kurz aufkochen und bei geringer Hitze köcheln lassen, bis die Flüssigkeit verdampft ist. Danach sollten die Schnetzel weitere 5 Minuten leicht anrösten.

4. Champignons putzen und in dünne Scheiben schneiden. Zwiebel(n) abziehen und fein würfeln. Petersilie hacken. Öl in einem Topf erhitzen und Zwiebel(n) darin glasig dünsten. Champignons hinzugeben und scharf anbraten. Mit Sojasauce und Weißwein ablöschen. Hitze reduzieren und alles für 2 bis 3 Minuten köcheln lassen.

5. 150 Gramm Sojasahne hinzugeben und Hefeflocken einrühren. Nach 5 Minuten Schnetzel in die Sauce geben. Restliche Sojasahne hinzugeben und mit Salz, Pfeffer und Muskat abschmecken. Frische Petersilie einrühren. Rösti aus dem Ofen nehmen, auf Tellern anrichten. Sojageschnetzeltes darübergeben und mit Petersilie garnieren.

»HERINGSSALAT« MIT HASELNUSSBROT

ZUTATEN FÜR 2 PERSONEN

⏳ 1 Std. + 6 Std. Marinierzeit

Für den »Heringssalat«

1 Aubergine
Zitronensaft
Salz
1 Noriblatt
1 saurer Apfel
2-3 Knollen Rote Bete (vorgekocht)
1 kleine rote Zwiebel
ca. 5 Gewürzgurken
200 g Sojajoghurt (ungesüßt)
2-3 EL Gewürzgurkensud
1-2 TL Dill (gerebelt)
grob gemahlener Pfeffer
1 EL neutrales Öl

Für das Brot

½ Packung flüssiger Sauerteig
250 g Weizenvollkornmehl
250 g Dinkelvollkornmehl
150 g Haselnüsse
1 TL Salz

1. Die Aubergine schälen und längs in Scheiben schneiden, dann in ca. 4 x 2 Zentimeter große Stücke schneiden und auf einem großen Holzbrett auslegen. Beide Seiten mit Zitronensaft beträufeln und salzen. Anschließend mit einem weiteren Holzbrett und einigen Büchern beschweren und für mindestens 1 Stunde stehen lassen.

2. Noriblatt in grobe Streifen reißen und in Wasser ebenfalls für mindestens 1 Stunde einweichen.

3. Für das Brot den Sauerteig mit der Hälfte des Mehls und 200 Milliliter lauwarmem Wasser zu einem glatten Teig verrühren, anschließend die Nüsse, Salz und das restliche Mehl unterkneten, eventuell noch etwas mehr Wasser dazugeben. Den Teig für 1 Stunde an einem warmen Ort gehen lassen. Nach der verstrichenen Zeit den Teig abermals durchkneten und in einer gefetteten Kastenform bei 200 °C (Umluft 180 °C, Gas Stufe 3-4) für ca. 50 Minuten auf mittlerer Schiene backen.

4. Den Apfel, die Rote Bete, die Zwiebel und die Gewürzgurken fein würfeln und unter den Joghurt heben. Die Nori-Alge aus dem Wasser holen, fein hacken und unter die Masse rühren. Mit Gurkensud, Dill, Salz und Pfeffer würzen.

5. Die Auberginenstücke gut abtupfen und anschließend mit Öl in einer Pfanne scharf anbraten. Anschließend abkühlen lassen. Die erkalteten Auberginenstücke vorsichtig unter die Joghurtmasse geben. Mit Brot servieren.

31

GRÜNE-BOHNEN-EINTOPF

ZUTATEN FÜR 4 PERSONEN

⧖ 30 Min. + 20 Min. Kochzeit

100 g Sojawürfel
3 EL Gemüsebrühenpulver
500 g Kartoffeln
400 g grüne Bohnen
200 g Räuchertofu
1 Bund Suppengrün
2 kleine Zwiebeln
1 Bund Petersilie
1 Bund Bohnenkraut
2 EL Rapsöl
1 TL Paprikapulver (rosenscharf)
bunter Pfeffer
1 Knoblauchzehe
1-2 EL Sojasauce
2 Lorbeerblätter

1. Sojawürfel und Gemüsebrühenpulver in eine große Schüssel geben, mit ¼ Liter kochendem Wasser übergießen und ca. 15 Minuten ziehen lassen.

2. Währenddessen Kartoffeln schälen und Bohnen putzen. Kartoffeln in grobe Stücke, Bohnen in 3 bis 5 Zentimeter lange Stücke schneiden. Tofu grob würfeln, Suppengrün und Zwiebeln schälen bzw. abziehen, putzen und ebenfalls grob würfeln. Petersilie und Bohnenkraut grob hacken.

3. Sojawürfel durch ein Sieb abgießen, Brühe auffangen. Würfel mit den Händen oder einem Löffel leicht ausdrücken.

4. Rapsöl in einem großen Topf erhitzen. Tofu darin kurz bei starker Hitze anbraten. Sojawürfel dazugeben. Großzügig mit Paprika und Pfeffer würzen. Knoblauch abziehen und dazupressen. Alles für wenige Minuten anbraten, mit einem großzügigen Schluck Sojasauce ablöschen und diesen verdampfen lassen.

5. Zwiebeln und Suppengemüse dazugeben, Hitze reduzieren. Kartoffeln und Bohnen dazugeben, mit der aufgefangenen Gemüsebrühe ablöschen und Wasser nachgießen, bis der Topfinhalt bedeckt ist.

6. Petersilie, Bohnenkraut und Lorbeerblätter dazugeben und alles für 20 bis 30 Minuten zugedeckt köcheln lassen. Mit Salz und Pfeffer abschmecken.

DEFTIGES SEITAN-OFENGULASCH

ZUTATEN FÜR 4 PERSONEN

⏱ 30 Min.

2 Zwiebeln
2 Paprikaschoten
4 Kartoffeln (festkochend)
2 Knoblauchzehen
300 g Seitan (nach Rezept von S. 26 oder gekauft)
¼ Bund Petersilie
3 EL neutrales Öl
1 Dose Pizzatomaten
200 g Kirschtomaten
400 ml Gemüsebrühe
2 EL Tomatenmark
1 TL Paprikapulver (rosenscharf)
1 EL getrockneter Majoran
Salz
Pfeffer
optional 1 Chilischote

1. Zwiebeln abziehen und grob würfeln. Paprikaschoten waschen, entkernen und würfeln. Kartoffeln schälen und grob würfeln. Knoblauch abziehen und fein würfeln. Seitan in Streifen schneiden. Petersilie waschen. Ofen auf 220 °C (Umluft 200 °C, Gas Stufe 4-5) vorheizen.

2. Öl in einer Pfanne erhitzen. Zwiebeln und Seitan scharf anbraten und anschließend in eine feuerfeste Form geben.

3. Paprika, Kartoffeln, Knoblauch, Tomaten, Gemüsebrühe, Tomatenmark und Gewürze dazugeben und durchmischen. Für mehr Schärfe eine entkernte und klein gehackte Chilischote dazugeben.

4. Die Auflaufform für 20 Minuten in den Ofen stellen. Petersilie grob hacken. Das Seitan-Ofengulasch mit Salz und Pfeffer abschmecken und mit Petersilie bestreuen.

Lecker ist dazu ein Klecks Sojajoghurt! Wer es richtig scharf mag, kann noch Tabasco hinzufügen.

33

SOJARAGOUT NACH SAUERBRATENART MIT KNÖDELN

ZUTATEN FÜR 2 PERSONEN

⏱ 1 Std. + 6 Std. Marinierzeit

Für das Ragout

100 g Sojaschnetzel (grob) oder Sojawürfel

1 Bund Suppengrün

1 Bund Petersilie

2 Scheiben Pumpernickel

2 EL neutrales Öl

2 EL Senf (mittelscharf)

½ l trockener Rotwein (oder Gemüsebrühe)

Salz

Pfeffer

Für die Marinade

200 ml Aceto balsamico

800 ml trockener Rotwein (oder Gemüsebrühe)

1 Zweig Thymian, klein gehackt (oder 1 EL gerebelt)

1 Zweig Rosmarin, gezupft und klein gehackt (oder 1 EL gerebelt)

2 EL Sojasauce

1 Lorbeerblatt

1-2 TL Lebkuchengewürz oder Zimtpulver

1-2 Pimentkörner

Für die Knödel

400 g Kartoffeln (mehligkochend)

40 g Kartoffelmehl

Salz

1 Prise Muskatnuss, frisch gerieben

ZUBEREITUNG SOJARAGOUT

1. Sojaschnetzel oder Sojawürfel mit kochendem Wasser übergießen, 15 Minuten ziehen lassen und ausdrücken.

2. Die Marinade in einer Schüssel zusammenmischen und die Sojaschnetzel für mindestens 6 Stunden darin ziehen lassen.

3. Anschließend Schnetzel in ein Sieb geben, auspressen und Marinade auffangen. Lorbeerblatt und Pimentkörner entnehmen.

4. Suppengrün waschen, putzen und in kleine Stücke schneiden. Petersilie fein hacken, Pumpernickel in kleine Würfel schneiden.

5. Öl in großem Topf erhitzen, Schnetzel mit Senf darin scharf anbraten. Suppengrün, Petersilie und Pumpernickel dazugeben und kurz mit anbraten.

6. Mit der aufgefangenen Marinade ablöschen, 5 Minuten bei starker Hitze unter gelegentlichem Rühren kochen lassen.

7. Rotwein oder Gemüsebrühe dazugeben, 30 bis 45 Minuten bei mittlerer Hitze einkochen lassen. Mit Salz und Pfeffer abschmecken.

ZUBEREITUNG KARTOFFELKNÖDEL

1. Kartoffeln schälen, vierteln und für 20 Minuten in Salzwasser garen. Wasser abgießen, Kartoffeln abkühlen lassen.

2. Kartoffelstücke durch eine Kartoffelpresse drücken oder mit einem Kartoffelstampfer zerdrücken. Kartoffelmehl, geriebene Muskatnuss und 1 Prise Salz unterrühren. Im Kühlschrank kalt stellen, während die Sojaschnetzel marinieren.

3. Aus der Masse Knödel formen und in einem großen Topf mit heißem Wasser ungefähr 20 Minuten ziehen lassen, bis sie oben schwimmen. Zum Ragout servieren.

Wenn man Lorbeerblatt und Pimentkörner in einen Gewürzbeutel gibt, können diese später leichter entfernt werden.

SEITAN-SCHNITZEL »WIENER ART«

ZUTATEN FÜR 2 SCHNITZEL

⏱ 15 Min.

3 EL Speisestärke

1 TL pikante Gewürzmischung oder Paprikapulver (rosenscharf)

1 TL Senf

150 g Dinkelbrösel

200 g Seitan (gekauft oder nach Rezept von S. 26)

3 EL neutrales Öl

½ Zitrone

1. Speisestärke mit 6 Esslöffel Wasser, der Gewürzmischung oder dem Paprikapulver und Senf in ein Glas mit Verschluss geben, kräftig durchschütteln und in einen tiefen Teller geben. Auf einem zweiten Teller Dinkelbrösel verteilen.

2. Seitan in Scheiben schneiden, diese zuerst in der Flüssigkeit, dann in den Bröseln wenden. Die Brösel dabei möglichst fest andrücken.

3. Öl in einer Pfanne erhitzen und die Schnitzel von beiden Seiten goldbraun anbraten. Etwas Zitronensaft darüberträufeln und mit Zitrone garnieren.

Dazu schmecken Kartoffelsalat (Rezept S. 29) oder Bratkartoffeln (Rezept S. 101).

36

GYROS- UND TANDOORI-WRAPS

ZUTATEN FÜR 4 WRAPS

⏱ 10 Min. + 20 Min. Kochzeit +
4 Std. Marinierzeit

50 g Sojaschnetzel (grob)
200 ml Gemüsebrühe
2 EL neutrales Öl
4 Tortilla-Wraps
½ Kopfsalat
300-400 g veganer
Frischkäse (z.B. von Soyana)
optional etwas Sojajoghurt

Marinade für die Gyros-Variante

6 EL Olivenöl
1 EL gerebelter Thymian
1 EL gerebelter Rosmarin
1 EL Paprikapulver (edelsüß)
2 Knoblauchzchen, fein gehackt
1 kleine Zwiebel, fein gehackt
Füllung nach Wahl, z.B. Gurke,
Zwiebel, rote Paprika

Marinade für die Tandoori-Variante

6 EL neutrales Öl
1 EL gemahlener Kreuzkümmel
1 TL gemahlener Koriander
1-2 cm frische Ingwerwurzel,
fein gehackt
1 Knoblauchzehe, fein gehackt
½ TL Chilipulver
1 TL gemahlene Kurkuma
1 EL Tomatenmark
Füllung nach Wahl, z.B.
Zuckerschoten,
gerösteter Sesam,
rote Zwiebel,
frischer Koriander

1. Sojaschnetzel mit heißer Gemüsebrühe übergießen und mindestens 15 Minuten einweichen lassen. Anschließend gut ausdrücken.

2. Zutaten für die Marinade(n) zusammenmischen. In der gewünschten Marinade Schnetzel für mindestens 4 Stunden ziehen lassen.

3. Öl in eine erhitzte Pfanne geben, Schnetzel zusammen mit der Marinade in die Pfanne geben und scharf anbraten.

4. Die Tortillas nach Packungsanleitung im Backofen oder in der Pfanne erhitzen. Kopfsalat waschen und in Streifen schneiden. Wrap mit etwas Frischkäse und nach Belieben mit Sojajoghurt bestreichen, mit Schnetzeln, Salat und gewünschten Zutaten füllen, aufrollen und genießen.

Tipp: Statt Sojaschnetzel können auch 100 Gramm Seitan benutzt werden. Dazu den Seitan in fingerdicke Scheiben schneiden. Der Seitan muss nicht in Gemüsebrühe einweichen, sondern kann sofort verwendet werden.

»THUNFISCH«-SANDWICH

ZUTATEN FÜR 4 PERSONEN
⏱ 20 Min. + 1 Std. Kühlzeit

1 Noriblatt
60 g Sojaschnetzel (fein)
2-3 Gewürzgurken
¼ Bund frische Petersilie
3 EL vegane Mayonnaise (gekauft oder nach Grundrezept S. 64)
1 EL Zitronensaft
1 TL Senf
¼ TL gemahlener Pfeffer
½ TL gemahlener Koriander
¼ TL gemahlener Kreuzkümmel
¼ TL Paprikapulver
½ TL gemahlener Fenchel
½ TL Salz
8 Scheiben Vollkorntoastbrot
vegane Margarine
4 große Kopfsalatblätter
1-2 Tomaten, in dicke Scheiben geschnitten

1. Das Noriblatt in kleine Stücke reißen und in eine Schüssel geben. Sojaschnetzel dazugeben, mit kochendem Wasser übergießen und für 15 Minuten ziehen lassen.

2. Anschließend alles in ein Sieb geben und die Sojaschnetzel leicht auspressen.

3. Gewürzgurken klein schneiden, Petersilie hacken.

4. Sojaschnetzel und Noriblätterstücke mit Mayonnaise, Gewürzgurken, Petersilie, Zitronensaft, Senf und allen Trockengewürzen in einer Küchenmaschine oder mit einem Mixer kurz durchmixen. In eine Schüssel geben, noch einmal durchrühren und für mindestens 1 Stunde in den Kühlschrank stellen.

5. Großzügig die Toastscheiben einseitig mit Margarine bestreichen. Eine große Pfanne auf mittlere Hitze erhitzen und die Toastscheiben goldbraun anbraten.

6. Die »Thunfisch«-Masse auf 4 Scheiben verteilen, Salatblätter und Tomatenscheiben ebenfalls darauf verteilen, mit den anderen Scheiben schließen, jeweils diagonal teilen.

Tipp: Wenn die »Thunfisch«-Masse warm sein soll, kann man diese in Schritt 5 auf 4 Toastscheiben verteilen und mit den verbleibenden 4 Toastscheiben zudecken, sodass die Toasts in der Pfanne gewendet werden können.

Im veganen Handel gibt es eine ganze Reihe von Fischersatzprodukten, u.a. für Thunfisch, fertig zu kaufen.

2. OHNE MILCH UND MILCHPRODUKTE

Milch und Milchprodukte wie Joghurt oder Käse
sind bei vielen Menschen wichtiger Bestandteil des Speiseplans.
Doch auch hier bietet die vegane Produktpalette
einige Überraschungen – besonders das Angebot an
pflanzlichen Milchalternativen ist immens und bietet
viel Abwechslung. Im veganen Supermarkt findet
man inzwischen 90 Sorten Käse.

OHNE MILCH
UND MILCHPRODUKTE

Es scheint durchaus machbar, Fleisch und Fisch vom Speiseplan zu streichen, nicht zuletzt aufgrund der vielen veganen Alternativprodukte. Doch wie sieht es mit Milch und Milchprodukten wie Käse, Joghurt, Sahne, Buttermilch, Butter oder Quark aus? Sie machen bei vielen Menschen einen großen Anteil an der Ernährung aus. Und warum sollte man überhaupt auf Milch verzichten, ihr Image als gesundes Lebensmittel ist doch weithin bekannt?

WARUM AUF MILCH UND MILCHPRODUKTE VERZICHTEN?

Tatsächlich will uns die Milchindustrie nachdrücklich davon überzeugen, dass Milch besonders viel Kalzium enthalte, daher unsere Knochen stärke und weitere gesundheitliche Vorteile habe. Dafür wendet sie jährlich viele Millionen Euro auf – für Werbung, Gutachten und Lobbyarbeit. Produkte aus Milch, Zucker, Fett und Schokolade werden Eltern sogar als gesunde Zwischenmahlzeit für ihr Kind verkauft. Klingt das nicht paradox? Das uns verkaufte positive Image der Milch weicht schnell unbequemer Erkenntnis, sobald man sich intensiver mit dem Thema beschäftigt. Milch ist weder gesundheitsfördernd, noch geben Kühe »einfach so« Milch.

»Man braucht Milch wegen des Kalziums!«

Zahlreiche wissenschaftliche Studien belegen es längst: Kuhmilch stärkt nicht etwa die Knochen, sondern hemmt die Eisenaufnahme und kann die Kalziumausscheidung fördern, was wiederum Osteoporose begünstigen kann. Kuhmilch übersäuert den Organismus, und zum Ausgleich wird Kalzium aus den Knochen abgebaut. Außerdem steht Milch in dem Verdacht, Allergien, Asthma, Hauterkrankungen wie Neurodermitis und sogar Krebserkrankungen zu fördern. Eigentlich nicht weiter verwunderlich, denn Milch ist schließlich nicht für erwachsene Menschen gedacht, sondern Babynahrung für Kälber. Für diese hat die Muttermilch gesundheitliche Vorteile, doch wenn wir erwachsene Menschen artfremde Muttermilch trinken, die voller Wachstumshormone und Cholesterin steckt, häufig Medikamentenrückstände enthält und eine für den Menschen wenig optimale Nährstoffzusammensetzung aufweist, sieht das ganz anders aus. Ein Großteil der Menschheit ist nicht einmal in der Lage, Milch problemlos zu verdauen, da er unter einer Laktoseintoleranz leidet – oftmals unwissentlich.

Woher bekommen wir aber unser Kalzium, wenn nicht aus Milch? Die gute Nachricht ist: Kein vegan lebender Mensch muss sich zum Glück vor einem Kalziummangel fürchten. Es gibt viele pflanzliche Lebensmittel, die sogar einen deutlich höheren Kalziumgehalt als Milch aufweisen, z.B. grünes Blattgemüse, Brokkoli, Sesam, grüne Bohnen, Nüsse und Mandeln. Zum Vergleich: Milch enthält ca. 125 Milligramm Kalzium pro 100 Gramm fettarmer Kuhmilch, während Grünkohl über 200 Milligramm, Mandeln rund 250 Milligramm, Sesamsamen fast 800 Milligramm, selbst so manches kalziumreiche Mineralwasser über 400 Milligramm Kalzium bietet. Aus gesundheitlicher Sicht hat der

Konsum von Kuhmilch also keine schlagenden Argumente zu bieten. Und wirft man dann einen Blick hinter die Kulissen der Milchindustrie, so dürfte den meisten die Lust auf Kuhmilch ohnehin schnell vergehen.

»Kühe geben doch sowieso Milch!«  MYTHOS #10

Das stimmt so leider nicht. Kühe werden gezwungen, für sie unnatürlich hohe Mengen Milch zu geben, damit ihre Haltung wirtschaftlich genug ist. Um überhaupt Milch geben zu können, müssen sie allerdings zuvor ein Kälbchen gebären. Das geborene Kälbchen wird ihnen in der Regel innerhalb des ersten Tages entrissen und erhält fortan Milchersatzpulver. Mit hoher Wahrscheinlichkeit endet sein kurzes Leben nach wenigen Wochen als Schnitzel, zumindest wenn es ein männliches Kälbchen ist, das als Milchkuh nicht zu gebrauchen ist. Die eigentlich für das Kalb bestimmte Milch trinken wir Menschen. Die Mutterkuh wird schnellstmöglich erneut künstlich befruchtet und ist üblicherweise nach vier bis fünf Jahren aufgrund der belastenden Schwangerschaften und der hohen Milchleistung körperlich am Ende. Sie wird dann geschlachtet und z.B. zu Burgern verarbeitet – ihre natürliche Lebenserwartung läge sonst übrigens bei 20 bis 25 Jahren. Das alles mag ziemlich brutal klingen, ist aber doch oft Alltag in der Milchindustrie. Dies ist vielen Menschen nicht bewusst, die Milchprodukte in den Einkaufswagen legen.

VEGANE MILCHPRODUKTALTERNATIVEN

Bleibt also nur noch das Geschmacksargument. Doch auch hier kann die vegane Ernährungsweise punkten, denn das Angebot an gesunden Milchalternativen ist riesig, vielfältig und wirklich lecker. Stellt sich am Ende doch die Frage: Warum sollten wir überhaupt noch Kuhmilch trinken?

PFLANZLICHE MILCHVIELFALT

Die am weitesten verbreitete Alternative zu Kuhmilch ist Sojadrink. Da »Milch« ein geschützter Begriff ist, darf übrigens nicht »Sojamilch« auf der Verpackung stehen. Sojadrinks bekommt man inzwischen in so gut wie jedem Supermarkt, in Bioläden oder veganen Läden, und das in einer großen Vielfalt, z.B. auch mit Vanille- oder Schokogeschmack. Die Sojadrinks unterscheiden sich dabei geschmacklich je nach Hersteller deutlich, daher sollten Sie sich ruhig ein wenig durch das Sortiment probieren, um Ihre Favoriten zu entdecken. Die wenigsten Sorten haben inzwischen noch einen muffigen Sojanachgeschmack, der vor wenigen Jahren noch recht verbreitet war. Viele Drinks sind außerdem mit Omega 3, Vitamin D oder auch Vitamin B12 angereichert.

Für Menschen mit einer Sojaallergie, oder solche, die sich mit dem Geschmack von Sojadrinks nicht anfreunden können, gibt es viele

VEGAN ODER NICHT?

Bedeutet der Hinweis »Kann Spuren von Milch enthalten« auf manchen Produktverpackungen automatisch, dass es sich nicht um ein veganes Produkt handelt? Nein, zunächst einmal lediglich, dass dieses Produkt in der gleichen Produktionshalle bzw. mit den gleichen Maschinen hergestellt wurde wie andere, nicht-vegane Produkte.

In erster Linie ist dieser Hinweis zwar als Warnung für Allergiker gedacht, es kann nämlich trotz sorgfältiger Reinigung der Maschinen zu Rückständen im Produkt kommen. Letztlich ist es natürlich eine persönliche Ermessenssache, ob man zu Produkten mit solchen Hinweisen greifen möchte oder nicht.

weitere pflanzliche Milchalternativen: Hafer-, Dinkel-, Hanf-, Reis- oder Mandeldrinks beispielsweise (Bild S. 46f.). Vermehrt kommen auch Mischungen wie Soja-Reis, Mandel-Reis oder Kokos-Reis auf den Markt. Auch Kokosmilch selbst ist übrigens häufig eine Alternative zu Milch, besonders beim Kochen. Wer mag, kann sich sehr einfach selbst pflanzliche Milch herstellen (siehe Grundrezepte S. 48), z.B. tolle Nussmilch aus Cashew-, Macadamia- oder Haselnüssen. Auch Pflanzendrinks aus Sojabohnen oder Haferflocken sind recht einfach selbst herzustellen. Das ist in der Regel sogar noch deutlich günstiger als im Laden, und man kann seinen eigenen Lieblingsdrink kreieren. Einen Haferdrink beispielsweise kann man für unter 25 Cent selbst herstellen, da kann preislich selbst die günstigste Discounter-Kuhmilch nicht mithalten.

Sicher fragt sich so mancher, warum überhaupt Pflanzendrinks im Supermarkt deutlich teurer sind als Kuhmilch. Dafür gibt es mehrere Gründe. Zum einen ist die Herstellung von (beispielsweise) Sojadrinks deutlich aufwendiger als bei Kuhmilch. Außerdem wird die Produktion von Kuhmilch in Deutschland subventioniert und gleichzeitig mit sieben Prozent Umsatzsteuer geringer besteuert wird als Pflanzenmilch. Warum? Weil Kuhmilch im Gegensatz zu Pflanzendrinks als Grundnahrungsmittel gilt. Sie müssen also beim Kauf von Pflanzendrinks tiefer in die Tasche greifen als beim Kauf von Kuhmilch, doch Ihre Gesundheit wird es Ihnen danken.

Das Schöne ist: Die Pflanzenmilchvielfalt ist so groß, dass man immer wieder neue tolle Sorten finden und andere Geschmacksrichtungen ausprobieren kann. Zudem werden Sie mit sehr hoher Wahrscheinlichkeit den Geschmack von Kuhmilch innerhalb weniger Wochen nicht mehr vermissen oder sogar als unangenehm empfinden – letztlich ist das Ganze auch wieder nur eine Frage der Umgewöhnung. Sie werden sich wundern, wie schnell Ihnen auch andere tierische Produkte nicht mehr fehlen werden, egal ob Milch, Käse, Joghurt, Eier, Fleisch oder Fisch.

STATT KÄSE

Käse gehört zu jenen tierischen Produkten, die von Neu-Veganern am meisten vermisst werden. Und das ist auch durchaus verständlich, da es besonders für speziellere Käsesorten kaum passende vegane Alternativen gibt. Einen französischen Gruyère oder einen Camembert bekommen Sie garantiert nicht in einer ähnlich schmeckenden veganen Variante. Und deswegen ist die Umstellung auf eine vegane Ernährung besonders für Käsefans bisweilen eine harte Prüfung. Bei den Basics wie Scheiben-, Streich-, Frisch- oder Pizzakäse ist das Angebot aber inzwischen wirklich recht vielfältig und lecker, und ständig kommen neue vegane Käse-

Einkaufszettel

- Pflanzendrink (z.B. aus Soja oder Hafer)
- Sojajoghurt natur
- Sojasahne (oder Reissahne)
- Veganer Scheibenkäse und/oder Pizzakäse
- Hefeflocken (im Bioladen oder Reformhaus)
- Kokosmilch
- Vegane Margarine (z.B. von Alsan oder Sojala)
- Cashewkerne
- Weißes Mandelmus oder Mandelpüree

produkte auf den Markt. Darunter sogar Fondue-käse, Fetakäse oder veganer Mozzarella. Man sollte beim Kauf allerdings durchaus auf die Inhaltsstoffe achten, denn so manche vegane Käseprodukte bestehen aus wenig gesunden Inhaltsstoffen (vor allem Öl), oftmals sogar inklusive Zusatzstoffen.

Übrigens ist veganer Käse nicht mit dem bekannten Analogkäse zu vergleichen, der ausschließlich aus billigen (und nicht immer veganen) Zutaten besteht. Häufig genutzt werden in der veganen Küche außerdem Hefeflocken, die man wie Parmesan über ein Gericht oder sogar als Hefeschmelz (Rezept siehe im Folgenden unter »Grundrezepte«) über Pizza und Aufläufe geben kann. Ein tolles Geschmackserlebnis bietet Nusskäse, den man beispielsweise aus Cashewkernen selbst herstellen kann. Und selbst Gerichte wie Käsespätzle (Rezept S. 54) werden Ihnen auch in einer veganen Variante gut gelingen.

STATT SAHNE

Sie werden vermutlich keinen großen Unterschied herausschmecken, wenn Sie statt Kuhmilchsahne Soja-, Hafer-, Dinkel-, Mandel-, Kokos- oder Reissahne benutzen. Pflanzensahne heißt häufig auch »Cuisine« oder »Creme«. Hauptsächlich unterscheiden sich die verschiedenen Varianten dadurch, ob man sie aufschlagen kann oder nicht. Manche Sorten (z.B. »Soya Cuisine« von Provamel oder »Hafer Cuisine« von Oatly) eignen sich in erster Linie zum Kochen, andere (z.B. von Soyatoo oder LeHa) sind leicht aufzuschlagen. Außerdem kann man weißes Mandelmus oder Mandelpüree (gibt es fertig z.B. im Bioladen) mit etwas Wasser ganz einfach und schnell zu einer köstlichen Sahnealternative beim Kochen anrühren: Für 200 Milliliter Sahne rühren Sie einfach etwa 150 Milliliter

Wasser und 3 Esslöffel weißes Mandelmus zusammen an, fertig.

STATT JOGHURT ODER PUDDING

Pflanzliche Alternativen zu Joghurt und Pudding zu finden ist kein Problem. Sojapuddings und Sojajoghurt (z.B. von Provamel oder Sojade) finden Sie in den meisten Supermärkten und in jedem Bioladen, und das in immer mehr Packungsgrößen und Geschmacksrichtungen, egal ob Sie auf fruchtige Joghurts oder Vanillepuddings stehen. Wer nicht zu Sojaprodukten greifen möchte oder kann, findet auch solche, in denen Kokos oder Reis als Grundlage dient.

STATT QUARK, SAURER SAHNE, SCHMAND ODER CRÈME FRAÎCHE

Zu diesen Produkten finden Sie ebenfalls zahlreiche Alternativen von verschiedenen Herstellern, vorrangig im veganen Supermarkt oder veganen Online-Handel, beim Discounter bislang seltener. Natürlich können Sie diese Produkte auch allesamt selbst herstellen, zumeist auf Basis von Sojajoghurt.

STATT BUTTER

Butter können Sie ganz einfach durch Margarine ersetzen. Doch Vorsicht: Nicht alle Margarinesorten sind vegan, in manchen ist Milch enthalten oder Vitamin D3 zugesetzt, das tierischen Ursprungs ist. Sie finden vegane Margarine in Bioläden und Supermärkten, z.B. von Alsan. Vegane Margarineprodukte werden aus Soja, Palmfett, Kokosfett oder Rapsöl hergestellt. Im folgenden Rezeptteil finden Sie einige Gerichte, die traditionellerweise Milchprodukte wie Sahne oder Käse enthalten. Sie werden sehen, dass man diese ohne Geschmacksverlust auch mit pflanzlichen Alternativprodukten gut zubereiten kann, egal ob herzhafte Käsespätzle oder leckere Mousse au Chocolat.

SOJADRINK VANILLE

HASELNUSSDRINK

MANDELDRINK

SOJADRINK SCHOKO

HAFERDRINK

SOJADRINK

REISDRINK

SOJADRINK

ZUTATEN FÜR 1 L

⏲ 20 Min. + 8 Std. Einweichzeit

100 g Sojabohnen
(z.B. aus dem Bioladen)
optional 2-3 EL Agavendicksaft
oder Rohrzucker
optional 1 Prise Zimt- oder
Vanillepulver

1. Sojabohnen über Nacht mit Wasser bedeckt quellen lassen. Am nächsten Tag die Sojabohnen durch ein Sieb abgießen und abspülen.

2. Die Bohnen mit ⅓ Liter Wasser pürieren und ⅔ Liter Wasser in einem Topf erhitzen. Das Sojapüree hineingeben und bei mittlerer Hitze ca. 15 Minuten köcheln lassen, immer wieder umrühren.

3. Ein Mulltuch oder ein unbenutztes Geschirrtuch über ein Abtropfsieb (z.B. für Nudeln) legen und dieses wiederum in eine größere Schüssel oder einen Topf stellen. Den abgekühlten Sojadrink vorsichtig hineingeben.

4. Das Tuch zusammennehmen und leicht ausdrücken.

5. Nach Geschmack mit Agavendicksaft oder Rohrzucker süßen und Zimt- oder Vanillepulver zugeben.

6. In ein verschließbares Gefäß geben. Kalt gestellt hält sich der Sojadrink 3 bis 4 Tage.

> Pflanzenmilch selbst herzustellen ist nicht nur einfach, sondern auch deutlich günstiger als der Kauf im Supermarkt.

MANDELDRINK

ZUTATEN FÜR 1 L

⏲ 20 Min. + 8 Std. Einweichzeit

200 g ungeschälte Mandeln
optional 2-3 EL Agavendicksaft
oder Rohrzucker
optional 1 Prise Zimt- oder
Vanillepulver

1. Mandeln in einer Schüssel mit kaltem Wasser übergießen und über Nacht einweichen lassen.

2. Am nächsten Tag durch ein Sieb abgießen und abspülen.

3. Mandeln mit 1 Liter Wasser (am besten gefiltert oder abgekocht) in einen Mixer oder eine Küchenmaschine geben und zu einer feinen Mandelmilch pürieren. Anschließend wie bei der Zubereitung von Sojadrink verfahren (Schritte 3-6).

> Sie können auf diese Weise auch diverse Nussdrinks herstellen. Wenn es ganz schnell gehen soll, einfach 1 Liter Wasser mit 2 bis 3 Esslöffel Nussmus (z.B. Haselnussmus) und optional Süßungsmitteln zusammenmixen.

HAFERDRINK

ZUTATEN FÜR 1 L

⏳ 30 Min.

100 g Haferflocken
1 Prise Salz
optional 2-3 EL Agavendicksaft
oder Rohrzucker
optional 1 Prise Zimt- oder
Vanillepulver

1. Haferflocken mit Wasser bedecken und für mindestens 20 Minuten einweichen lassen. Anschließend in ein Küchensieb geben und gut abspülen.

2. Haferflocken, 1 Liter Wasser, Salz und weitere Zutaten nach Wunsch in einen Mixer geben (oder ein hohes Gefäß, falls ein Stabmixer benutzt wird) und für 1 bis 2 Minuten durchmixen.

3. Anschließend wie bei der Zubereitung von Sojadrink verfahren (siehe S. 48, Schritte 3-6).

SCHMELZKÄSE

ZUTATEN VARIANTE 1

⏳ 10 Min.

1 Packung Sojasahne
2 EL Öl oder Margarine
½ TL Salz
½ TL Paprikapulver (edelsüß)
Muskatnuss, frisch gerieben

ZUBEREITUNG VARIANTE 1

1. Sojasahne mit Öl oder Margarine in einen Topf geben, erhitzen (nicht kochen) und rühren, bis eine zähe Flüssigkeit entsteht.

2. Mit Gewürzen abschmecken.

ZUTATEN VARIANTE 2

⏳ 10 Min.

3 EL Margarine
5 TL Mehl
2 TL Salz
2 TL Senf
8 EL Hefeflocken

ZUBEREITUNG VARIANTE 2

1. Einen Topf erwärmen und die Margarine darin flüssig werden lassen. Mehl hinzugeben und einrühren, dann 150 Milliliter Wasser dazugeben und unter ständigem Rühren aufkochen lassen.

2. Vom Herd nehmen. Salz, Senf, Hefeflocken und weitere 150 Milliliter Wasser hinzugeben. Erneut aufkochen, bis eine zähe Konsistenz entsteht.

CASHEW-KRÄUTER-FRISCHKÄSE

ZUTATEN

⏳ 10 Min. + 2 Std. Einweichzeit

250 g Cashewkerne
1 Knoblauchzehe
½ TL Zitronensaft
½ TL Paprikapulver
½ TL Salz
Pfeffer
3-4 EL Kräuter
(z.B. eine TK-Kräutermischung)

1. Cashewkerne für mindestens 2 Stunden mit Wasser bedeckt einweichen. Knoblauch abziehen und grob würfeln.

2. Cashewkerne durch ein Sieb abgießen und abspülen. Mit 150 Milliliter Wasser, Zitronensaft und Knoblauch in einem Mixer oder einer Küchenmaschine zu einem Brei mixen.

3. Mit Paprikapulver, Salz und Pfeffer würzen. Kräuter nach Wunsch unterheben.

SAHNIGE SOJAHACK-LAUCH-SUPPE

ZUTATEN FÜR 4 PERSONEN

⏲ 25 Min.

60 g Sojaschnetzel (fein)
½ l Gemüsebrühe
2 EL neutrales Öl
1 (rote) Zwiebel
2-3 Stangen Lauch
2 EL Agavendicksaft
250-300 g Sojasahne (oder eine andere Pflanzensahne)
Blättchen von 4 Zweigen frischem Thymian
Salz
weißer Pfeffer
Muskatnuss, frisch gerieben
1 TL Paprikapulver (edelsüß)
3 EL Hefeflocken
1 EL Sojasauce

1. Die Sojaschnetzel in einem Sieb gründlich mit Wasser spülen, bis es klar bleibt. Parallel dazu 100 Milliliter Gemüsebrühe in einem Topf zum Kochen bringen. Die gespülten Sojaschnetzel in die Brühe geben, kurz aufkochen und den Herd ausschalten. Die Schnetzel so lange ziehen lassen, bis sie die Brühe vollständig aufgesogen haben.

2. Öl in einem Topf erhitzen. Zwiebel abziehen, klein schneiden und im heißen Öl glasig dünsten. Sojaschnetzel hinzugeben und kurz scharf anbraten. Unter ständigem Rühren nun auch den gewaschenen, geputzten und geschnittenen Lauch dazugeben und kurz weiterbraten. Mit 2 Esslöffel Agavendicksaft karamellisieren lassen und mit 400 Milliliter Gemüsebrühe ablöschen.

3. Die Suppe nun 12 bis 15 Minuten bei schwacher bis mittlerer Hitze köcheln lassen. Nach dieser Zeit die Suppe mit Sojasahne aufgießen und die Thymianblättchen hinzugeben. Bei geringer Hitze weiter ziehen lassen.

4. Mit Salz, Pfeffer, 1 Prise Muskat und Paprika würzen. Unter ständigem Rühren Hefeflocken hinzugeben und mit Sojasauce abschmecken.

RAHMWIRSING MIT RÄUCHER- TOFU AUF SÜSSKARTOFFELRÖSTI

ZUTATEN FÜR 2 PERSONEN

⏱ 45 Min.

Für das Wirsinggemüse

½ Wirsing

1 weiße Zwiebel

125 g Räuchertofu

2 EL neutrales Öl

250 g Sojasahne

1 TL Gemüsebrühe (Instant)

Salz und Pfeffer

1 Messerspitze Muskat

Für die Rösti

2 Süßkartoffeln (ca. 300 g)

2 EL Limettensaft

2 EL gemahlene Haselnüsse

2 EL Sojamehl

1 EL Speisestärke

2 EL Agavendicksaft

Salz und Pfeffer

Sonnenblumenöl zum Ausbacken

1. Wirsing in feine Streifen schneiden und unter fließendem Wasser waschen. Zwiebel abziehen und würfeln.

2. Räuchertofu in feine Würfel schneiden und in Öl scharf anbraten. Zur Seite stellen.

3. Wirsing und Zwiebel mit etwas Öl andünsten, bis der Wirsing zusammenfällt. Eventuell etwas Wasser hinzugeben.

4. Wirsing mit Sojasahne ablöschen und mit Gemüsebrühe, Salz, Pfeffer und Muskat abschmecken. Zum Schluss Tofuwürfel unterheben. Das Gemüse warm stellen.

5. Die Rösti zubereiten. Dazu die Süßkartoffeln raspeln und Limettensaft, Haselnuss- mehl, Sojamehl, Speisestärke und Agavendicksaft hinzugeben. Mit Salz und Pfeffer abschmecken.

6. In einer Pfanne ca. 2 Zentimeter hoch Öl erhitzen. Mit der Hand Rösti formen und im heißen Öl ausbacken.

7. Das Rahmgemüse auf den Rösti servieren.

SNOW-WHITE-SUPPE

ZUTATEN FÜR 6 PERSONEN

⏱ **30 Min.**

Für die Suppe

800 g Blumenkohl
2 Zwiebeln
1 Knoblauchzehe
800 ml Kokosmilch
1 TL Salz
1 TL helle Sojasauce

Für die Koriandersalsa

2 Tomaten
½ Zwiebel
½ Bund Koriander
Saft von ½ Limette
1 Schuss dunkler Aceto balsamico
1 Schuss Olivenöl
Salz
grober Pfeffer aus der Mühle
optional Sesam

1. Blumenkohl waschen und in kleine Röschen teilen. Zwiebeln und Knoblauch abziehen und fein würfeln.

2. Blumenkohl (Röschen und den Stiel), Zwiebeln, Knoblauch, 400 Milliliter Wasser und Kokosmilch in den Topf geben und zum Kochen bringen. Für einige Minuten köcheln, bis der Blumenkohl weich ist. Anschließend mit einem Stabmixer pürieren und mit Salz und Sojasauce abschmecken.

3. Für die Salsa Tomaten und abgezogene Zwiebel würfeln. Koriander hacken, alles in einer Schüssel zusammenrühren. Mit Limettensaft, Essig, Öl, Salz und Pfeffer abschmecken.

4. Suppe in einen tiefen Teller geben, mit der Salsa und auf Wunsch mit Sesam garnieren.

AMERICAN STYLE MAC AND CHEESE

ZUTATEN FÜR 4 PERSONEN

⏱ **20 Min. + 30-40 Min. Backzeit**

300 g Nudelhörnchen
3 EL Olivenöl
60 g Cashewkerne
2 EL neutrales Öl
¼ l Soja- oder Haferdrink
125 g Soja- oder Hafercuisine
8 EL Hefeflocken
2 EL Kichererbsenmehl oder Weizenmehl
200 g Naturtofu
1 EL Zitronensaft
2 EL Tomatenmark
½ TL gemahlene Kurkuma
¾ TL Salz
Öl zum Einfetten
20 g Semmelbrösel

1. Nudeln gemäß Anleitung kochen, dann abgießen, mit Olivenöl mischen und abgedeckt zur Seite stellen. Cashewkerne kurz in einer heißen Pfanne anrösten und anschließend fein mahlen. Ofen auf 190 °C (Umluft 170 °C, Gas Stufe 3) vorheizen.

2. In einer tiefen Pfanne oder einem Wok Öl auf mittlerer Flamme erhitzen. Soja- oder Haferdrink und -cuisine zugießen und auf kleiner Flamme köcheln. Hefeflocken, Cashewkerne und Mehl langsam mit dem Schneebesen einrühren, bis eine glatte Sauce entsteht und eindickt.

3. Tofu zerbröseln und zusammen mit Zitronensaft, Tomatenmark, Kurkuma und Salz unterrühren. 5 Minuten auf kleiner Flamme unter gelegentlichem Rühren köcheln. Vom Herd nehmen, 5 Minuten abkühlen lassen.

4. Eine mittelgroße Backform mit Öl einfetten. Die Hälfte der gekochten Pasta einfüllen, dann die Hälfte der Sauce darübergießen und etwas vermischen. Den Rest der Pasta darüberschichten und die restliche Sauce darübergießen, vermischen und mit einem Löffel glatt streichen. Semmelbrösel über die Sauce geben.

5. 30 bis 40 Minuten backen, bis die Oberfläche braun und knusprig ist. Vor dem Anschneiden und Servieren 15 Minuten abkühlen lassen.

KÄSESPÄTZLE

ZUTATEN FÜR 4 PERSONEN

⏳ 15 Min. + 45 Min. Kochzeit

Für die Spätzle

250 g Weizenmehl Type 550

75 g Hartweizengrieß

2 EL Speisestärke

½ TL gemahlene Kurkuma

1 Prise Salz

2 EL Sojadrink

2 kleine Zwiebeln

Für die Grundsauce

80 g Margarine (z.B. Alsan)

5 EL Hefeflocken

2 EL Weizenmehl Type 550

200 ml Gemüsebrühe

250 g Sojasahne

1 EL getrocknete Kräuter (Kräutermischung Provence oder einfach nur Petersilie)

Salz

Pfeffer aus der Mühle

optional 50 g veganer Käse (z.B. Pizzakäse von Wilmersburger)

1. Alle trockenen Spätzlezutaten in einer Rührschüssel vermischen.

2. 200 Milliliter Wasser und Sojadrink nach und nach einrühren. Wichtig: Spätzleteig wird von Hand mit einem Holzrührlöffel geschlagen, sodass sich Blasen bilden, man sollte keinen Handrührer benutzen. Es sollte ein flüssig-klebriger Teig entstehen.

3. 2 Liter Wasser in einem großen Topf zum Kochen bringen. Den Teig löffelweise in eine Spätzlepresse geben und in das kochende Wasser drücken. Steht keine Spätzlepresse zur Verfügung, kann der Teig von einem Brett in das Wasser geschabt werden. Sobald die Spätzle an der Oberfläche auftauchen, diese mit einer Schöpfkelle entnehmen und in eine Auflaufform geben.

4. Margarine in einem Topf auf mittlerer Hitze schmelzen. Hefeflocken und Mehl dazugeben und langsam unter Rühren schmelzen lassen.

5. Sobald die Konsistenz dickflüssiger wird, langsam die Gemüsebrühe einrühren. Sojasahne und Kräuter ebenfalls einrühren, mit etwas Salz und Pfeffer würzen. Einmal kurz aufkochen lassen, vom Herd nehmen.

6. Zwiebeln abziehen, fein würfeln und zu den Spätzle in die Auflaufform geben. Mit der Sauce vermischen. Nach Geschmack zusätzlich geriebenen veganen Käse darüberstreuen.

7. Bei 200 °C (Gas Stufe 3-4) zunächst 30 Minuten, dann mit Oberhitze oder Grillfunktion weitere 10 bis 15 Minuten backen.

8. Auf Tellern anrichten. Dazu passt ein Klecks Apfelmus oder Preiselbeeren.

VARIANTE

200 Gramm Champignons vierteln, 200 Gramm Frühlingszwiebeln in Scheiben schneiden und beides vor dem Überbacken statt Zwiebeln untermischen.

BELUGALINSENTOPF MIT KÜRBIS UND FETA

ZUTATEN FÜR 2 PERSONEN
⏱ 45 Min.

400 g Hokkaidokürbis
4 EL Olivenöl
½ TL grobes Salz
400 ml Gemüsebrühe
1 Stange Lauch
100 g Belugalinsen
2 Lorbeerblätter
1 EL Weißweinessig
180 g veganer Fetakäse (z.B. »VeggiBelle« von Nagel)
1 kleine Chilischote
Salz
schwarzer Pfeffer aus der Mühle
optional Sprossen zum Garnieren

1. Kürbis waschen, entkernen und in ca. 1,5 Zentimeter dicke Streifen schneiden. In eine ofenfeste Form geben und mit Olivenöl und grobem Salz kurz durchmischen. Bei 200 °C (Umluft 180 °C, Gas Stufe 3-4) für ca. 25 Minuten im Ofen backen.

2. Gemüsebrühe aufkochen und beiseitestellen. Lauch in Ringe schneiden und mit etwas Öl in einem Topf anschwitzen.

3. Anschließend die Linsen hinzugeben und mit Gemüsebrühe bedecken. Lorbeerblätter hinzufügen. Bei geringer Hitze köcheln lassen und immer wieder umrühren.

4. Nun, ähnlich wie bei einem Risotto, immer wieder Brühe nachgießen, bis die Linsen gar, aber noch bissfest sind. Anschließend den Topf vom Herd nehmen, Weißweinessig hinzugeben und den Topf geschlossen beiseitestellen, damit die Linsen noch etwas ziehen können.

5. Feta würfeln, Chilischote entkernen und in schmale Streifen schneiden. In einer beschichteten Pfanne den Feta in etwas Olivenöl scharf anbraten, zum Schluss Chili darübergeben.

6. Lorbeerblätter aus dem Topf entfernen und das Gericht mit Salz und Pfeffer, bei Bedarf auch mit Weißweinessig abschmecken. Linsen auf zwei tiefe Teller verteilen, mit Kürbisspalten belegen und den Feta darauf anrichten. Mit Sprossen garnieren.

KICHERERBSENTORTILLA MIT RADICCHIOGEMÜSE UND MINZDIP

ZUTATEN FÜR 4 TORTILLAS
⏳ 35 Min.

200 g Kichererbsenmehl
2 Prisen Salz
2 Messerspitzen Ras el-Hanout
3 EL Olivenöl

Für die Füllung
2 kleine Köpfe Radicchio
2 Zwiebeln
4 EL Olivenöl
4 Fleischtomaten
4 getrocknete Feigen
Rauchsalz und schwarzer Pfeffer
½ Bund Petersilie
1 EL dunkler Aceto balsamico

Für den Minzdip
1 Bund Minze
400 g Sojajoghurt (ungesüßt)
1 EL Sojasauce
2 EL Olivenöl
Salz und Pfeffer

1. Für die Tortillas Kichererbsenmehl, Salz und Ras el-Hanout mit 400 Milliliter Wasser in einer Schüssel vermischen. 10 Minuten ruhen bzw. quellen lassen.

2. Jeweils ¼ der Masse wie ein Crêpe in eine erhitzte Pfanne mit Olivenöl geben und bei mittlerer Hitze von beiden Seiten je 1-2 Minuten anbraten.

3. Radicchio waschen und in Streifen schneiden, Zwiebeln abziehen und würfeln. Erneut Olivenöl in einer Pfanne erhitzen. Zuerst die Zwiebelwürfel goldbraun anbraten, dann Radicchio dazugeben und kurz mit anbraten.

4. Tomaten waschen und würfeln, Feigen in Streifen schneiden und beides mit in die Pfanne geben. Mit Rauchsalz und Pfeffer würzen, Petersilie hinzugeben und mit Essig ablöschen.

5. Für den Minzdip die Minze fein hacken, mit Sojajoghurt vermischen und mit Soja-sauce, Olivenöl, Salz und Pfeffer abschmecken.

6. Die Füllung auf eine Hälfte der Tortillas geben, Minzdip darübergeben und mit der anderen Hälfte zuklappen.

DAMPFNUDELN MIT WEINSCHAUM- UND VANILLESAUCE

ZUTATEN FÜR 4 PERSONEN
⏳ 30 Min. + 1 Std. Gehzeit

Für die Dampfnudeln
500 g Mehl
1 Würfel frische Hefe
2 EL Zucker
¼ l Sojadrink
1 Prise Salz
100 g Margarine
2 EL Öl

Für die Weinschaumsauce
¼ l Weißwein
Saft von ½ Zitrone
50 g Zucker
1 EL Speisestärke
1 EL Ei-Ersatz

Für die Vanillesauce
300 ml Hafer- oder Sojadrink
1 TL Vanillepulver
3 EL Roh-Rohrzucker

1. Mehl in eine große Schüssel geben und eine Mulde in der Mitte erzeugen. Hefe hineinbröseln, Zucker dazugeben. Mit lauwarmem Sojadrink übergießen. Abwarten, bis die Hefe aktiviert wird und Blasen schlägt.

2. Salz und weiche Margarine hinzugeben und durchkneten. Den Teig mit einem feuchten Tuch bedecken und an einem warmen Ort mindestens 30 Minuten gehen lassen (z.B. im Ofen bei 50 °C), bis der Teig ungefähr die doppelte Größe hat.

3. Aus dem Teig ca. 8 Kugeln formen und diese erneut an einem warmen Ort ca. 30 Minuten gehen lassen.

4. Einen großen Topf oder eine große Pfanne mit dem Öl erhitzen, die Teigkugeln hineinsetzen und mit 1 Tasse lauwarmem Wasser mit 1 Teelöffel Salz auffüllen. Für 20 Minuten zugedeckt bei mittlerer Hitze gehen lassen. Den Deckel während dieser Zeit keinesfalls abnehmen, da die Kugeln zusammenfallen können.

5. Zur Zubereitung der Weinschaumsauce Weißwein in einem Topf zum Kochen bringen. Zitronensaft, Zucker, Speisestärke und Ei-Ersatz (mit 2 Esslöffel Wasser angerührt) dazugeben und mit einem Schneebesen die Sauce schaumig schlagen.

6. Zur Zubereitung der Vanillesauce Haferdrink kurz aufkochen und Vanille sowie Rohrzucker unterrühren. Beide Saucen zu den Dampfnudeln servieren.

SCHOKOLADEN-OLIVENÖL-TRÜFFEL

ZUTATEN FÜR CA. 40 TRÜFFEL
⏱ 15 Min. + 12 Std. Ruhezeit

100 g Sojasahne
200 g vegane Zartbitter-schokolade (z.B. von Vivani)
3 EL gutes Olivenöl
½ TL Fleur de Sel
Kakaopulver nach Bedarf

1. Sojasahne in einem Topf kurz aufkochen und währenddessen die Schokolade in Stücke brechen. Sobald die Sahne aufkocht, den Topf sofort vom Herd nehmen und die Schokoladenstücke vorsichtig unterheben.

2. Unter ständigem Rühren mit einem Schneebesen oder einem Teigschaber zu einer glatten Masse verarbeiten.

3. Die Masse einige Minuten abkühlen lassen. Wenn die Mischung abgekühlt ist, sich aber noch gut verrühren lässt, Olivenöl und Salz vorsichtig unterheben. Für mindestens 12 Stunden kalt stellen.

4. Am nächsten Tag mithilfe eines Teelöffels gleich große Kugeln formen und in Kakaopulver wälzen. Alternativ kann auch Puderzucker verwendet werden.

Vorsicht! Schokolade brennt sehr schnell an und muss immer behutsam erhitzt werden! Sobald die Schokolade beim Schmelzen klumpt, ist sie angebrannt.

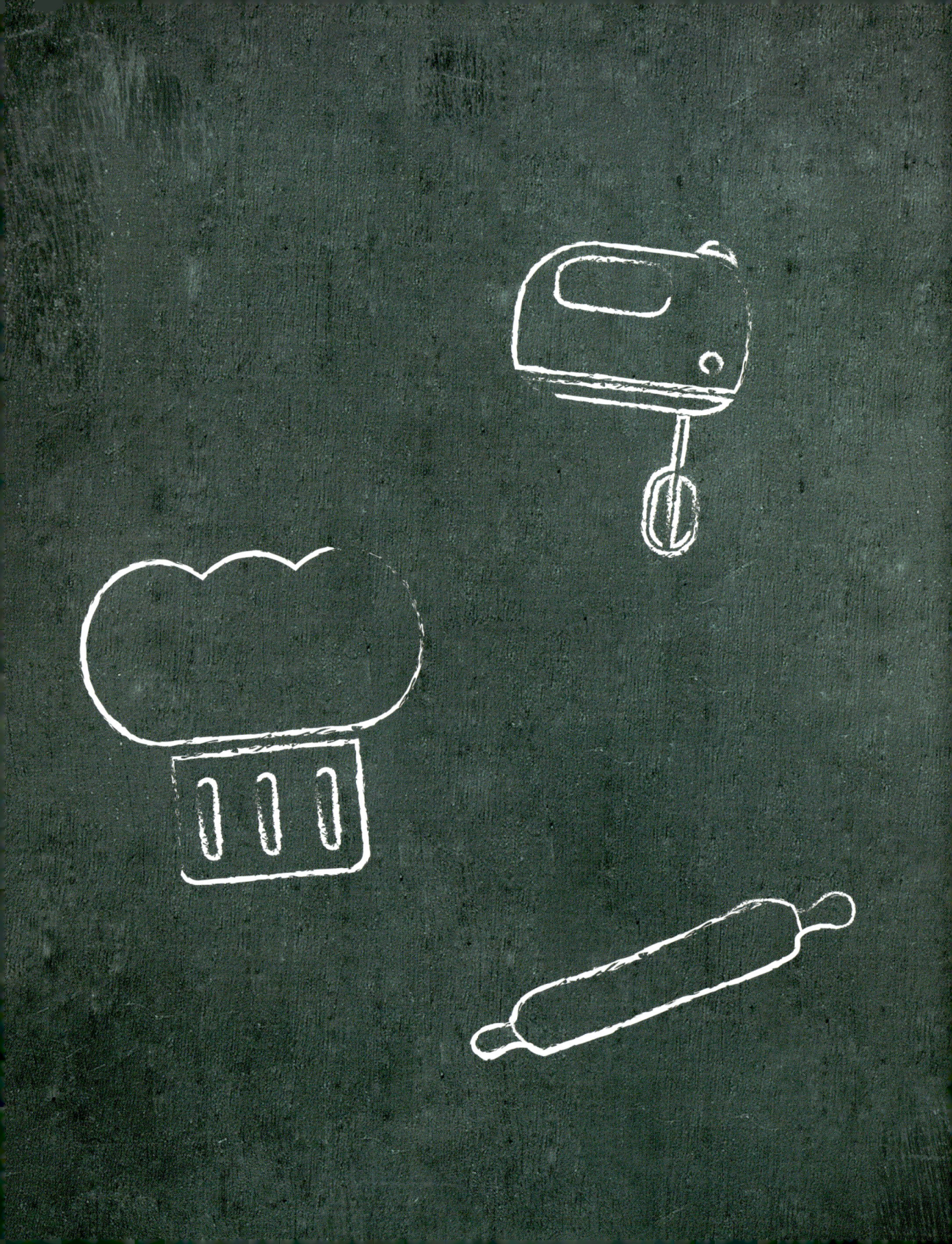

3. KOCHEN UND BACKEN OHNE EIER

Backen ohne Eier – kann das funktionieren?
Wer zum ersten Mal einen köstlichen veganen Kuchen
probiert, wird erstaunt sein, wie lecker Backwaren ohne Eier
und andere tierische Produkte schmecken können.
Oft kann man Eier ganz einfach weglassen, ansonsten
gibt es reichlich pflanzliche Alternativen.

KOCHEN UND BACKEN OHNE EIER

Starten wir einfach mal mit einer schlechten Nachricht: Das vegane Frühstücksei wurde noch nicht erfunden, und vegane Spiegeleier bekommt man nur mit speziellen Produkten halbwegs »authentisch« hin. Alles andere ist aber problemlos möglich, gerade wenn es ums Backen geht, denn hier sind Eier ganz einfach zu ersetzen. Zunächst aber stellt sich natürlich die Frage:

WARUM AUF EIER VERZICHTEN?

»Hühner legen doch sowieso Eier, was soll daran verkehrt sein, diese zu essen?« ist eine häufig gestellte Frage an jeden vegan lebenden Menschen, denn die Antwort ist nicht so offensichtlich wie beim Thema Fleischverzehr. Schaut man sich jedoch Bilder aus einem Großbetrieb mit 3000 Hühnern auf engstem Raum an, so weicht jede idyllische Vorstellung vom glücklichen Huhn auf der Wiese schnell einem großen Unbehagen, denn die Haltungsbedingungen dort sind katastrophal. Natürlich gibt es Unterschiede zwischen einer Kleingruppenhaltung, in der einem Huhn gerade einmal die Fläche eines Aktendeckels zugestanden wird, und einer Biofreilandhaltung, doch letzten Endes muss auch dort wirtschaftlich gearbeitet werden, und das bedeutet eine unnatürlich hohe Legeleistung und ein kurzes Leben für die Tiere.

Ein weiterer Aspekt ist den meisten Menschen noch weniger bekannt: Spezielle Zuchtbetriebe für die Eierindustrie liefern den Eierbetrieben den benötigten Nachwuchs, was bedeutet, dass dort täglich Hunderttausende Küken schlüpfen.

Männliche Küken sind jedoch als Legehenne unbrauchbar und als Masttiere nicht wirtschaftlich genug, da es sich hier um ganz unterschiedliche Züchtungen handelt. Sie werden daher kurz nach dem Schlüpfen gleich getötet. Das betrifft insgesamt mindestens 40 Millionen Küken in Deutschland jährlich. Es gibt Bestrebungen, sogenannte Zweinutzungshühner zu züchten, die sowohl Eier legen können als auch gleichzeitig recht viel Fett ansetzen, aber die Züchtung ist schwierig, und die Haltung der Tiere ist bislang noch nicht wirtschaftlich genug für die Industrie.

Gesundheitlich gibt es keinen triftigen Grund, Eier zu verzehren, denn sie sind wahre Cholesterinbomben und bestehen hauptsächlich aus gesättigten Fetten. Als Eiweißlieferant eignen sich pflanzliche Lebensmittel daher mindestens genauso gut und sie sind deutlich gesünder.

VEGANE ALTERNATIVEN

Alternativen müssen vor allem beim Backen her, da man beim Kochen nicht allzu häufig Eier benötigt. Wer Eier im Kartoffelsalat und bei anderen Gerichten ersetzen möchte, dem gelingt dies durch Tofu recht gut, wie Sie später noch sehen werden – selbst einen veganen Eiersalat (Rezept S. 65) bekommt man ganz ohne Eier hin. Wer üblicherweise Eier zum Panieren benutzt, kann diese entweder ganz einfach weglassen – es funktioniert auch ohne gut – oder einen Ei-Ersatz benutzen. Es gibt spezielle Produkte, die genau diese Funktion erfüllen und hauptsächlich aus Maisstärke oder Lupinenmehl bestehen.

Doch die Vielfalt an Alternativen ist noch weit größer: Auch Soja-, Pfeilwurzel-, Johannisbrotkern- oder Kartoffelmehl mit etwas Wasser sowie zerdrückte Bananen oder Apfelmus sorgen für die notwendige Bindung oder aber Lockerung des Teiges. Es kommt ganz darauf an, welchen Effekt man erzielen möchte – soll das Ergebnis fluffig oder fest sein? Natürlich sollte man die Wahl des Ei-Ersatzes am gewünschten Geschmack des Gerichtes ausrichten – Bananen oder Apfelmus eignen sich vor allem für Süßspeisen. Ein wenig Herumexperimentieren hilft beim Finden der Lieblingsalternative.

Wer nicht so häufig backt und weniger experimentierfreudig ist, sollte sich einfach im Reformhaus oder veganen Handel ein Ei-Ersatzpulver (z.B. Organ No Egg oder Ei-Ersatz von 3 Pauly) besorgen, hiermit ist man auf der sicheren Seite. Inzwischen gibt es sogar Produkte, die entweder Eiweiß oder Eigelb imitieren (von MyEy). Es gibt also eine Vielzahl von Möglichkeiten, Eier zu ersetzen. Viele Teige kommen auch komplett ohne Eier aus, z.B. Mürbe-, Plunder-, Blätter- oder Strudelteig. Selbst wenn laut Rezept 1 bis 2 Eier vorgesehen sind, kann man diese in der Regel problemlos weglassen.

WEITERE ZU ERSETZENDE BACKZUTATEN

Überall dort, wo Kuhmilch, Sahne oder Quark zum Einsatz kämen, können Sie diese durch pflanzliche Alternativen ersetzen (siehe Kapitel »Ohne Milch und Milchprodukte«, S. 40ff.). Übrigens machen sich Sojadrink, Mandeldrink oder Haferdrink zum Backen am besten.

Neben Milchprodukten und Eiern gibt es weitere tierische Produkte, die recht häufig beim Backen benutzt werden, und auch diese kann man durch pflanzliche Alternativen ersetzen.

STATT HONIG

Zu Honig gibt es viele Alternativen: Agavendicksaft, Reissirup, Apfelsüße, Ahornsirup oder Stevia. Roh- oder Vollrohrzucker sind gleichzeitig auch deutlich gesündere Alternativen zu raffiniertem Fabrikzucker.

STATT GELATINE

Das rein pflanzliche Agar-Agar bindet genauso gut wie Gelatine und ist somit für die Zubereitung von Gelees, Cremes oder Puddings sowie zum Eindicken von Saucen bestens geeignet. Alternativ kann man auch Pfeilwurzel- oder Guarkernmehl sowie Kartoffel- oder Maisstärke verwenden.

STATT MILCHSCHOKOLADE

Die meisten Zartbitterschokoladen sind vegan, und wer es weniger bitter mag, der kann zu Milch- oder weißen Schokoladealternativen auf Basis von Soja- oder Reismilch greifen. Beim Backen sollten Sie allerdings aufgrund des Schmelzverhaltens grundsätzlich zu Zartbitterschokolade greifen. Auch bei der Dekoration Ihrer Backergebnisse sollten Sie darauf achten, dass nichts Tierisches enthalten ist. Unternehmen wie Biovegan bieten eine große Auswahl an Schokoherzen, Streuseln usw. in veganer Bioqualität.

LEGEN SIE LOS!

Probieren geht über Studieren, daher fangen Sie doch einfach mal mit ein paar simplen Rezepten an. Vielleicht backen Sie demnächst ja sogar Ihre erste vegane Torte. Die rein pflanzlichen Varianten werden Sie geschmacklich garantiert davon überzeugen, dass man auf tierische Produkte beim Backen leicht verzichten kann. Wenn Sie häufig backen, lohnt sich die Anschaffung eines veganen Backbuchs mit vielen weiteren Tipps zum veganen Backen.

MAYONNAISE

ZUTATEN FÜR 150 G

⏳ 5 Min.

50 ml Sojadrink, gekühlt
½ TL Zitronensaft
½ TL Senf
½ TL Salz
100 ml Rapsöl, ungekühlt
optional ½ TL gemahlene Kurkuma

1. Alle Zutaten bis auf das Rapsöl in einen hohen Behälter geben.

2. Mit einem Rührstab alles mixen, das Öl nach und nach dazugeben. Nach ca. 1 Minute sollte eine feste Mayonnaise entstanden sein.

3. Für eine schönere Färbung optional Kurkuma untermixen.

> **Für ein veganes Aioli einfach 1 Knoblauchzehe mit in den Mixbehälter pressen.**

TOFUREMOULADE

ZUTATEN FÜR CA. 280 G

⏳ 10 Min.

250 g Seidentofu oder Naturtofu
3 Gewürzgurken
½ TL Senf (mittelscharf)
3 TL Sojasahne
2 TL Rapsöl
1 EL Senfsamen
Salz
1 Prise Zucker
2 EL Gurkensud
1 TL Dillspitzen (gerebelt)
optional ½ TL gemahlene Kurkuma

1. Tofu in einem hohen Gefäß pürieren. Gewürzgurken klein schneiden und zusammen mit Senf, Sojasahne, Öl, zerstoßenen Senfsamen, Salz und Zucker zum Tofu geben und erneut pürieren, bis eine glatte Masse entsteht.

2. Gurkensud dazugeben, mit Salz und Zucker abschmecken. Dill dazugeben, noch einmal kurz pürieren. Für eine schönere Färbung optional Kurkuma untermixen.

> **Tofuremoulade eignet sich besonders gut als Dressing für Nudel- und Kartoffelsalate!**

VEGANER EIERSALAT

ZUTATEN FÜR 2 PERSONEN

⧗ 10 Min.

100 g Nudeln
Salz
120 g Kichererbsen (vorgekocht)
1 Messerspitze gemahlene Kurkuma
1 rote Zwiebel
100 g vegane Mayonnaise (nach Rezept von S. 64 oder gekauft)
½ Bund frischer Schnittlauch
Pfeffer
1 Messerspitze Kala Namak

1. Nudeln in reichlich gesalzenem Wasser weich kochen und zur Seite stellen. Die Nudeln sollten nicht mehr al dente sein.

2. Kichererbsen und Kurkuma mit einem Stabmixer pürieren.

3. Nudeln ebenfalls mit dem Stabmixer pürieren und mit dem Kichererbsenmus vermengen.

4. Zwiebel abziehen, fein würfeln und ebenfalls untermischen.

5. Mayonnaise unterheben und alles gut vermischen. Schnittlauch waschen, trocken-schütteln, in Röllchen schneiden, dazugeben und den Eiersalat mit ½ Teelöffel Salz, Pfeffer und Kala Namak abschmecken.

Vorsicht! Vollkornnudeln eignen sich für dieses Rezept nicht!

RÜHRTOFU DE LUXE

ZUTATEN FÜR 4 PERSONEN

⌛ 15 Min.

1 Zwiebel
400 g Naturtofu
200 g Räuchertofu
3 kleine Kartoffeln
1 Paprikaschote
½ Frühlingszwiebel
3-4 Gewürzgurken
2 EL Öl
½ TL gemahlene Kurkuma
100 ml Sojadrink oder Sojasahne
Salz
Pfeffer aus der Mühle
optional 1 TL Kala Namak

1. Zwiebel abziehen und würfeln. Naturtofu mit den Händen oder einer Gabel in einer Schüssel zerbröseln. Räuchertofu in kleine Würfel schneiden. Kartoffeln schälen (Biokartoffeln nur waschen) und ebenfalls klein würfeln. Paprikaschote entkernen und klein schneiden. Frühlingszwiebel waschen, putzen und in Ringe schneiden. Gewürzgurken in Scheiben schneiden.

2. Öl in einer Pfanne erhitzen, Zwiebel dazugeben und glasig dünsten. Naturtofu und Kurkuma dazugeben und umrühren. Räuchertofu, Kartoffeln, Paprika und Frühlingszwiebel ebenfalls dazugeben und 2 bis 3 Minuten unter Rühren mit anbraten.

3. Mit Sojadrink oder -sahne ablöschen und unter gelegentlichem Rühren 5 bis 10 Minuten köcheln lassen. Kurz vor Ende noch die klein geschnittenen Gewürzgurken dazugeben. Mit Salz und Pfeffer abschmecken.

4. Optional Kala Namak dazugeben, das einen typischen Eigeschmack erzeugt.

SPAGHETTI CARBONARA

ZUTATEN FÜR 2 PERSONEN

⏲ 20 Min.

250 g Spaghetti
125 g Räuchertofu
1 Zwiebel
1 Knoblauchzehe
2 EL neutrales Öl
200 g Sojasahne
4 EL Hefeflocken
½ Bund Petersilie
Salz
Pfeffer aus der Mühle

1. Spaghetti nach Anleitung kochen. Inzwischen Räuchertofu klein würfeln, Zwiebel und Knoblauchzehe abziehen und ebenfalls klein würfeln.

2. Öl in einer großen Pfanne erhitzen, Zwiebeln und Knoblauch glasig dünsten. Räuchertofu dazugeben und knusprig anbraten.

3. Sojasahne und Hefeflocken dazugeben und gut durchrühren.

4. Gekochte und abgetropfte Nudeln in die Pfanne geben und untermischen. Petersilie klein hacken und ebenfalls untermischen, mit Salz und Pfeffer abschmecken, alles kurz weiterköcheln.

Statt Sojasahne schmeckt auch eine Mischung aus 200 Milliliter Wasser und 2-3 Esslöffel weißem Mandelmus!

GEFÜLLTE SERVIETTENKNÖDEL MIT STEINPILZEN

ZUTATEN FÜR 4 PERSONEN

⏳ 1 Std. 30 Min.

Für die Steinpilzsauce

30 g getrocknete Steinpilze
1 Zwiebel
3 Möhren
3 Scheiben Knollensellerie
1 Knoblauchzehe
1 Stange Lauch
½ rote Paprikaschote
Öl zum Anbraten
2 EL Tomatenmark
3 EL dunkler Aceto balsamico
optional 1 Schuss Rotwein
800 ml Gemüsebrühe
2-3 Lorbeerblätter
3 Zweige frischer Thymian
4 Pimentkörner
6 Wacholderbeeren (zerdrückt)
Salz
Pfeffer
Paprikapulver (edelsüß)
1 EL Sojasauce
½ EL Weizenmehl
optional etwas Sojasahne

Für die Serviettenknödel

4-5 helle Brötchen vom Vortag
1 Zwiebel
½ Bund frische glatte Petersilie
3 EL Sojamehl
¼ l Hafer-, Soja- oder Reisdrink
1 Prise Muskatnuss, frisch gerieben
1 TL Salz
Öl zum Anbraten
3 EL Semmelbrösel
1 gehäufter EL Kartoffelmehl
25 g Räuchertofu
250 g dunkles Roggenbrot

Außerdem

ein sauberes, dünnes Geschirrtuch, das zuvor mit klarem Wasser heiß gewaschen wurde, sowie Küchengarn

ZUBEREITUNG STEINPILZSAUCE

1. Steinpilze mit Wasser bedeckt für 25 Minuten einweichen lassen, anschließend durch ein Sieb geben, dabei das Wasser auffangen. Zwiebel mit Schale in zwei Hälften schneiden. Möhren und Sellerie schälen und fein würfeln. Knoblauch abziehen und fein würfeln. Den hellgrünen Teil der Lauchstange und Paprika waschen und klein schneiden.

2. Öl in einem Topf erhitzen und die Zwiebelhälften auf den Schnittflächen anbraten, bis diese braun werden. Das Gemüse dazugeben und etwas anbraten. Tomatenmark dazugeben und kurz karamellisieren.

3. Mit Essig ablöschen, optional 1 Schuss Rotwein dazugeben und mit Gemüsebrühe aufgießen. Lorbeerblätter und Thymianzweige, Pimentkörner und zerdrückte Wacholderbeeren dazugeben. Etwas salzen und pfeffern und 20 bis 30 Minuten kochen lassen. Anschließend alles durch ein Sieb streichen und die klare, dunkle Sauce erneut in einen Topf geben.

4. Eingeweichte Steinpilze in die Sauce geben und diese nochmals etwa 5 Minuten leicht köcheln lassen. Die Sauce mit dem Einweichwasser strecken. Nach Belieben jetzt noch mit Salz, Pfeffer, Paprika, 1 Schuss Sojasauce und eventuell noch etwas Wein abschmecken. Mit etwas Mehl binden. Optional kann noch etwas Sojasahne dazugegeben werden.

ZUBEREITUNG SERVIETTENKNÖDEL

1. Brötchen vom Vortag in kleine Stücke schneiden. Zwiebel abziehen und fein würfeln. Petersilie waschen, die harten Stiele entfernen und die Blätter klein hacken.

2. In eine große Rührschüssel Sojamehl mit 6 Esslöffeln Haferdrink zu einer sämigen Masse verrühren. Brotwürfel dazugeben und alles zusammen mit dem restlichen Haferdrink übergießen. Mit Muskat und Salz würzen und grob vermischen.

3. Zwiebel in einer Pfanne mit heißem Öl glasig dünsten. Petersilie dazugeben und durchmischen, die Masse mit in die Rührschüssel geben. Semmelbrösel und Kartoffelmehl ebenfalls dazugeben und alles mit den Händen in der Schüssel zu einem Teig verkneten. Abgedeckt 10 Minuten quellen lassen.

4. Räuchertofu würfeln. Roggenbrot ebenfalls klein würfeln. Beides in einer Pfanne mit 3 Esslöffel Öl 4 Minuten kross anbraten.

5. Teig mit feuchten Händen auf der Arbeitsfläche zur einer Rolle formen und eine Vertiefung (Rille) in die Mitte ziehen. Die angebratenen Brotwürfel mit Räuchertofu in die Vertiefung geben und Knödel wieder gut verschließen. Eng in ein Geschirrhandtuch wickeln. Die Enden zusammendrehen und mit Garn verschließen.

6. Den Knödel in einem großen Topf mit Salzwasser 25 bis 30 Minuten sieden lassen. Das Wasser sollte anfangs aufkochen und dann sanft vor sich hin blubbern.

7. Knödel aus dem Wasser nehmen und kurz ausdampfen lassen. Handtuch entfernen. Serviettenknödel in Scheiben schneiden und auf Tellern anrichten. Mit gebratenen Steinpilzen garnieren und mit dunkler Sauce übergießen.

ZWIEBELKUCHEN MIT BÄRLAUCHDIP

ZUTATEN FÜR 6 PERSONEN
⏲ 15 Min. + 30 Min. Kochzeit
+ 1 Std. Geh-/Einweichzeit

Für den Teig
300 g Vollkornweizenmehl
20 g frische Hefe
1 TL Salz

Für den Belag
80 g Cashewkerne
800 g weiße Zwiebeln
250 g Räuchertofu
3 Stangen Lauch
2 EL neutrales Öl
Salz
1 TL Kümmel
250 g Sojasahne
200 g Seidentofu
1 TL Agar-Agar
2 TL Gemüsebrühe (Instant)
1 Spritzer Zitronensaft
1 Prise Muskatnuss, frisch
gerieben

Für den Dip
200 g Sojajoghurt (ungesüßt)
½ TL Bärlauch (getrocknet)
Salz

1. Cashewkerne in 100 Milliliter Wasser mindestens 1 Stunde einweichen.

2. Mehl, Hefe und Salz mit ⅛ Liter lauwarmem Wasser zu einem Teig verkneten. Am besten die Hefe zuvor mit einem Teil des warmen Wassers verquirlen. Der Hefeteig ist gut, wenn er weder an den Händen noch an der Schüssel kleben bleibt.

3. Den Teig ca. 1 Stunde gehen lassen und anschließend erneut durchkneten. Danach den Teig auf einem Backblech ausrollen und erneut an einem warmen Ort für ca. 30 Minuten gehen lassen.

4. Cashewkerne abgießen und mit 100 Milliliter frischem Wasser zu einem glatten Brei vermixen.

5. Zwiebeln abziehen und in Ringe schneiden. Räuchertofu würfeln. Lauch waschen und ebenfalls in Ringe schneiden. In einer großen Pfanne (oder einem Wok) Öl erhitzen. Zwiebeln und Lauch andünsten. Nun 1 Teelöffel Salz, Kümmel und Räuchertofu dazugeben.

6. Sojasahne mit Seidentofu zu einer glatten Masse mixen. In einem Topf zusammen mit Agar-Agar unter ständigem Rühren aufkochen. Mit Salz, Gemüsebrühe, Zitronensaft und Muskat abschmecken und unter die Zwiebelmasse heben.

7. Die entstandene Mischung auf dem Teig verteilen. Bei 200 °C (Umluft 180 °C, Gas Stufe 3-4) 20 bis 40 Minuten backen.

8. Sojajoghurt mit Bärlauch und Salz verrühren und kalt stellen. Zum Zwiebelkuchen servieren.

Wer den Boden gerne dicker mag, sollte statt einem Backblech eine Kuchenspringform benutzen!

SPINAT-TOMATEN-QUICHE

ZUTATEN FÜR 4 PERSONEN
⏳ 1 Std. + 1 Std. Ruhezeit

Für den Teig

240 g Mehl
½ TL Backpulver
½ TL Salz
1 TL Zucker
80 g Margarine
2 TL Apfelessig
Fett für die Backform

Für die Füllung

200 g fester Tofu
220 g Soja- oder Hafersahne
60 ml Weißwein
2 EL Zitronensaft
50 g Walnüsse
2 EL Kichererbsenmehl
3 EL Hefeflocken
1 TL Thymian
½ TL gemahlene Kurkuma
1 Prise Muskatnuss, frisch
gerieben
½ TL Salz
2 EL Olivenöl
1 Schalotte
1 Knoblauchzehe
½ TL schwarzer Pfeffer
150 g frischer Spinat, gehackt
oder Blattspinat, z.B. tiefgekühlt
30 g getrocknete Tomaten

1. In einer Rührschüssel Mehl, Backpulver, Salz und Zucker vermischen. Margarine, Essig und 80 Milliliter Wasser untermischen. Zu einer Kugel formen und in einer abgedeckten Schüssel 30 bis 60 Minuten im Kühlschrank ruhen lassen.

2. Ofen auf 220 °C (Umluft 200 °C, Gas Stufe 4-5) vorheizen. Eine mittelgroße Backform (z.B. 24 Zentimeter Durchmesser) einfetten. Boden und Rand der Backform gleichmäßig mit Teig auskleiden. Boden mehrmals mit einer Gabel einstechen. Teig (ohne Füllung) 7 Minuten vorbacken.

3. Tofu, Soja- oder Hafersahne, Weißwein und Zitronensaft in einer großen Schüssel pürieren. Grob gehackte Walnüsse, Kichererbsenmehl, Hefeflocken, Thymian, Kurkuma, Muskatnuss und Salz hinzufügen und mit einem Schneebesen verquirlen.

4. In einer großen Pfanne Öl auf mittlerer Flamme erhitzen. Schalotte und Knoblauch abziehen, würfeln, zusammen mit dem Pfeffer hineingeben und für 2 bis 3 Minuten anbraten.

5. Spinat und getrocknete Tomaten hinzufügen und weitere 4 bis 5 Minuten unter regelmäßigem Rühren andünsten. Wird Tiefkühlspinat benutzt, sollte dieser rechtzeitig aufgetaut und vor der Nutzung ausgepresst werden, damit die Füllung nicht zu feucht wird.

6. Den Pfanneninhalt auf den Teig geben und die Tofufüllung darüber verteilen. Für 35 bis 50 Minuten backen. Vor dem Anschneiden und Servieren 15 Minuten abkühlen lassen.

ANANAS-KOKOS-KUCHEN MIT MANGO-PANNACOTTA

ZUTATEN

⏳ 25 Min. + 30 Min. Backzeit

Für den Biskuitboden
190 g Zucker
180 g Mehl Type 550
40 g Sojamehl
10 g Backpulver
25 ml neutrales Öl
vegane Margarine zum Einfetten der Springform

Für die Obstdecke
1 Ananas
1 Apfel
2 EL brauner Zucker
150 g Rohrzucker
50 ml Orangensaft
100 ml Kokosmilch
1 Päckchen (37 g) Vanillepudding-pulver
1 TL Agar-Agar
abgeriebene Schale von 1 Bio-limette

Für die Pannacotta
300 g Sojasahne
200 ml Mangopüree
50 g Zucker
1 Päckchen Agartine (30 g)

Außerdem
geröstete Kokosraspel, schwarzer Sesam und Johannisbeeren zum Dekorieren

1. Ofen auf 200 °C (Umluft 180 °C, Gas Stufe 3-4) vorheizen.

2. Alle Zutaten für den Biskuitboden mit einem Mixer verquirlen, das Öl dabei nach und nach zugeben.

3. In eine gefettete Springform (26 Zentimeter Durchmesser) gießen und 20 bis 30 Minuten backen.

4. Ananas schälen und klein würfeln, den Apfel waschen, entkernen und mit Schale reiben.

5. Den braunen Zucker in einer Pfanne kurz karamellisieren. Ananas und Apfel dazugeben, kurz köcheln lassen. Dann Rohrzucker, Orangensaft, Kokosmilch, Vanillepud-dingpulver und Agar-Agar hinzugeben und das Ganze einmal aufkochen.

6. Den Schalenabrieb der Limette dazugeben und noch einmal aufkochen. Dann auf den Biskuitboden geben.

7. Für die Pannacotta Sojasahne, Mangopüree, Zucker und Agartine verrühren. Aufkochen und 2 Minuten köcheln lassen. Dann langsam auf die Obstdecke geben.

8. Mit Kokosraspeln, schwarzem Sesam und Johannisbeeren garnieren.

Agartine besteht in erster Linie aus Agar-Agar, einem pflanzlichen Geliermittel, das wie Gelatine verwendet werden kann. Agar-Agar wird aus Algen gewonnen.

TIRAMISU

ZUTATEN FÜR 8 PORTIONEN

⧗ 30 Min. + 7 Std. Kühlzeit

Für den Biskuit

180 g Weizenmehl Type 550
120 g Rohrzucker
4 EL neutrales Öl
180 ml Pflanzendrink
3 TL Backpulver

Für die Creme

350 g Sojasahne
¼ l Pflanzendrink Vanille
120 g Zucker
75 g Weichweizengrieß
abgeriebene Schale von 1 Biozitrone
1 Päckchen Vanillezucker
2 TL Zimtpulver
80 ml Amaretto
1 Prise Salz
180 g pflanzliche Margarine
450 ml starker Kaffee, kalt
Kakaopulver zum Bestäuben

1. Mehl, Zucker, Öl, Pflanzendrink und Backpulver zu einer glatten Masse verrühren und diese auf ein mit Backpapier bedecktes Backblech streichen. Bei 180 °C (Umluft 160 °C, Gas Stufe 2-3) 20 Minuten backen und anschließend kurz abkühlen lassen. In ca. 3 x 6 Zentimeter große Biskuitstreifen schneiden und auskühlen lassen.

2. Sojasahne, Vanilledrink, Zucker und Grieß in einen Topf geben und unter Rühren aufkochen. Hitze reduzieren und so lange unter Rühren köcheln, bis sich ein homogener Grießbrei gebildet hat. Vom Herd nehmen und Zitronenschale, Vanillezucker, Zimt, 3 Esslöffel Amaretto und Salz unter Rühren hinzugeben. Anschließend mindestens 1 Stunde kalt stellen.

3. Margarine weich werden lassen und mit einem Schneebesen oder Handmixer unter die Masse rühren.

4. Kaffee mit restlichem Amaretto mischen und in einen Suppenteller geben. Biskuitstreifen darin tränken und in eine Auflaufform schichten. Darauf einen Teil der Creme verteilen, eine erneute Lage der getränkten Biskuits und zum Schluss den Rest der Creme. Mit Kakaopulver bestäuben und mindestens 6 Stunden in den Kühlschrank stellen.

MOUSSE AU CHOCOLAT

ZUTATEN FÜR 4 PERSONEN

⏱ 15 Min.

150 g vegane Zartbitterschokolade
(z.B. von Vivani)
400 g Seidentofu
2 TL Roh-Rohrzucker
1 Päckchen Vanillezucker
½ TL Vanillepulver

1. Schokolade im Wasserbad schmelzen.
2. Seidentofu mit Rohrzucker, Vanillezucker und Vanille in einer Schüssel mit einem Stabmixer pürieren.
3. Geschmolzene Schokolade dazugeben und gut durchmischen.
4. In einer Schüssel oder in Gläsern für 1 Stunde kalt stellen.

Aufschlagbare Sojasahne (z.B. Soy Whip von Soyatoo) und frisches Obst sind ein tolles Topping für Mousse au Chocolat.

4. KREATIVE VEGANE KÜCHE

Die vegane Küche erschöpft sich keineswegs darin,
Fleischgerichte nachzubauen. Im Gegenteil:
Auch ohne Ersatzprodukte lassen sich köstliche
vegane Gerichte auf den Tisch bringen, die man zudem
häufig ganz einfach immer wieder abwandeln kann.
Von Verzicht kann hier jedenfalls keine Rede sein!

KREATIVE VEGANE KÜCHE

Falls Sie mal einem veganen Supermarkt einen Besuch abstatten, werden Sie vermutlich begeistert sein: Es gibt für so ziemlich jedes tierische Produkt eine pflanzliche Alternative, sodass man seinen alten Speiseplan ganz einfach veganisieren könnte. Natürlich ist es recht verlockend, fertige Ersatzprodukte wie Schnitzel, Fischstäbchen oder Schnittkäse in einer veganen Variante zu kaufen, genauso wie es einfacher ist, sich unterwegs mit Fast Food einzudecken, anstatt zu Hause vorzukochen. Aber ist das auch gesünder? Wohl kaum. »Puddingveganer« nennt man Menschen, die zwar ausschließlich pflanzliche Lebensmittel verzehren, dabei aber in erster Linie zu Fertigprodukten und Fast Food greifen. Deutlich gesünder lebt man aber, wenn man vor allem frische und unverarbeitete Lebensmittel zu sich nimmt.

Ich möchte Sie gerne davon überzeugen, dass es sich lohnt, ein wenig mehr Zeit in der Küche zu verbringen und neue Gerichte ganz ohne Ersatzprodukte auszuprobieren. Sie glauben, dafür keine Zeit zu haben? Setzen Sie Prioritäten! Ich bin davon überzeugt, dass es sich lohnt, mehr Zeit in das Wichtigste überhaupt zu investieren: die eigene Gesundheit. Und keine Angst, Sie brauchen nicht mehrere Stunden täglich in der Küche zu verbringen, um komplizierte Sachen zuzubereiten. Viele Gerichte sind sehr einfach zu kochen und leicht zu variieren. Vegan zu kochen ist also keineswegs schwieriger als mit Fleisch zu kochen. Sie brauchen auch keine passionierte Köchin und kein passionierter Koch zu sein, um Freude am veganen Kochen zu finden, und Ihre Kochergebnisse werden Ihnen sicher (immer besser) schmecken.

Schauen wir uns aber doch zuerst mal an, was überhaupt so im Einkaufswagen landen sollte. Merken kann man sich grundsätzlich: Eine Mischung aus viel frischem Gemüse (vor allem grünes Blattgemüse) und Obst, Hülsenfrüchten, Vollkornprodukten, Samen, Nüssen, Kernen, Sojaprodukten und guten Ölen ist für Veganer optimal. Wenn Sie zudem darauf achten, möglichst wenig Fertiggerichte, keinen Industriezucker und Vollkorn- statt Weißmehlprodukte zu sich zu nehmen, haben Sie die wichtigsten Basics bereits beachtet. Für mich persönlich gilt beim Einkaufen: möglichst frisch, unverarbeitet, vollwertig und in Bioqualität.

DER VEGANE VORRATSSCHRANK

Abgesehen von den bereits vorgestellten veganen Lebensmitteln sollten Sie Ihren Kühlschrank oder Vorratsschrank nach und nach mit den folgenden Produkten auffüllen.

WUNDERBARE GEMÜSEWELT

Als Kind aß ich meist die gleichen Gemüsesorten, und das reichte mir auch, denn Gemüse war ja schließlich damals nur eine mehr oder weniger attraktive Beilage zu Fleisch und Kartoffeln. Erbsen und Möhren, Blumenkohl, Kohlrabi, Spinat, Wirsing, Brokkoli – keine Frage, tolles Gemüse, aber die Gemüseabteilung hat noch viel mehr zu bieten! Heute ist diese Abteilung meine liebste Anlaufstelle im Bioladen. Besonders nährstoffreich ist grünes Blattgemüse wie z.B. Grünkohl, Feldsalat und andere Salatsorten, Mangold und Spinat. Grünes Blattgemüse steckt voller Ballaststoffe, Kalzium, Eisen, Vitamine A, C und K, Chlorophyll, Spurenelemente und sekundärer Pflanzenstoffe. »Grün«

sollte zwar die Hauptfarbe Ihrer eingekauften Lebensmittel sein, achten Sie aber auch darauf, dass Ihr Einkauf insgesamt möglichst bunt wird. Großzügig zugreifen sollten Sie auch bei allen anderen Gemüsesorten: Gurken, Möhren, Tomaten, Zucchini, Rote Bete, Paprika, Staudensellerie und vielen anderen »alten Bekannten«. Wie wäre es aber auch mal mit Topinambur, Pak Choi, Mairübchen, Fenchel, Artischocken, Süßkartoffeln oder Pastinaken? Sie werden erstaunt sein, was Ihnen bislang möglicherweise alles entgangen ist. Frische Kräuter und Sprossen sind köstliche und vitaminreiche Ergänzungen zu Salaten, auf Sandwiches oder in warmen Gerichten.

FRISCHES OBST

Den zweitgrößten Posten auf dem Kassenzettel nach Gemüse sollte Obst darstellen. »An apple a day keeps the doctor away« – kein schlechtes Motto, denn Äpfel sind reich an Ballaststoffen und Vitaminen. Aber greifen Sie doch ruhig ein wenig tiefer in die Obstkiste: Bananen, Kiwis, Avocados, rote Beeren, Birnen, Orangen, Zitronen, Mangos oder Trauben liefern ebenfalls jede Menge Vitamine und Nährstoffe. Wenn möglich, sollten Sie darauf achten, dass das Obst Saison hat und im besten Falle auch regional angebaut wurde. Nicht nur weil es dann intensiver schmeckt, sondern auch weil es dann günstiger ist.

Nicht immer weist übrigens regionales Obst eine bessere Klimabilanz als Südfrüchte auf, nämlich dann nicht, wenn das heimische Obst zuvor schon monatelang in einem Kühlraum gelagert wurde, weil es gerade keine Saison hat. Ich persönlich kaufe so viel regionales Saisonobst (und -gemüse) ein wie möglich, möchte aber auf Bananen oder gelegentlich eine Ananas nicht verzichten müssen. Bei solchen Südfrüchten achte ich dann darauf, dass sie aus fairem Handel stammen. Als gesunde Nervennahrung sind Trockenfrüchte absolut zu empfehlen, und für Smoothies und Eis darf man gerne auch mal Tiefkühlobst mit in den Wagen legen. Meine persönliche Lieblingsentdeckung der letzten Jahre waren Avocados – gesunde Fettlieferanten, mit denen man Guacamole machen, Salate verfeinern oder Grünen Smoothies das gewisse Etwas verleihen kann.

GETREIDEPRODUKTE

Zu Getreide zählen unter anderem Reis, Haferflocken, Couscous, Bulgur, Gerste, Hirse, Dinkel, Mais, Buchweizen, Grünkern, Amaranth und Quinoa. Die beiden Letztgenannten sind dabei kein echtes Getreide, sondern sogenanntes Pseudogetreide, aber ähnlich einsetzbar wie Hirse, Reis & Co. Es lohnt sich wirklich, Amaranth und Quinoa einmal auszuprobieren, nicht nur wegen der Abwechslung und des tollen Geschmacks – sie haben einen hohen Protein- und Ballaststoffgehalt und liefern reichlich Magnesium, Kalzium und Eisen. Zudem sind sie – genauso wie Buchweizen, Mais oder Hirse – glutenfrei. Quinoa hat einen deutlich höheren Nährstoffwert als »echtes« Getreide – der südamerikanische Alleskönner wird nicht umsonst auch als »das Gold der Inkas« bezeichnet.Generell sollten Sie bei Brot, Nudeln und anderen Getreideprodukten zu Vollkornvarianten greifen, da diese mehr Nährstoffe enthalten als die geschälten.

HÜLSENFRÜCHTE

Kichererbsen und andere Erbsen, Linsen in zig Varianten oder Bohnen sind besonders eiweißreich, enthalten Ballaststoffe und Stärke sowie Mineralstoffe wie Eisen und Zink. Das gilt natürlich gleichermaßen für Produkte aus Sojabohnen wie Tofu, Tempeh oder Sojadrinks.

Hülsenfrüchte sollten regelmäßig auf dem Teller landen. Sie sind eine perfekte Ergänzung zu vielen Gemüsesorten oder Sojaprodukten.

NÜSSE, KERNE UND SAMEN

Sie stecken voller Mineralstoffe, Ballaststoffe und gesunder Fettsäuren. Unbedingt in den Einkaufswagen packen sollten Sie Sesam, da er einen hohen Gehalt an Eisen und Kalzium aufweist. Sie bekommen Sesam auch als Mus (»Tahin«), das Sie vielfältig in der Küche einsetzen können. Nicht nur nussig-lecker, sondern vor allem total gesund sind übrigens Hanfsamen, die Sie ungeschält oder geschält bekommen – perfekt auf einem Salat oder als Cruncheffekt in der Gemüsepfanne. Hanfsamen oder Hanföl liefern Omega-3- und Omega-6-Fettsäuren im optimalen Verhältnis, enthalten zudem alle acht essenziellen Aminosäuren und sind perfekte Proteinquellen.

Übertreiben Sie es übrigens nicht mit dem Nüsseknabbern. Mehr als eine Handvoll täglich sollten Sie nicht essen, denn Nüsse enthalten viel Fett. Kürbis- und Sonnenblumenkerne sollten ebenfalls auf dem Einkaufszettel stehen. Für die Verfeinerung von Eis, Müslis, Smoothies und Süßspeisen empfiehlt sich der Griff zu köstlichem Mus aus Cashewkernen, Walnüssen, Haselnüssen oder Mandeln – eine absolute Bereicherung für die vegane Küche.

PILZE

Pilze sind ballaststoffreich, enthalten Vitamin D, Kalium, Kalzium und Magnesium. Darüber hinaus sind sie kalorienarm und cholesterinfrei. Vor allem aber sind sie sehr lecker und vielfältig einsetzbar. Und die Auswahl ist groß: Champignons, Kräuterseitlinge, Austernpilze, Shiitake, Steinpilze und mehr. Pilze eignen sich beispielsweise hervorragend als Alternative zu Tofu,

Seitan & Co., als Zutat im Wokgericht oder Highlight auf dem Salat.

KOKOSPRODUKTE

Eine weitere tolle Ergänzung für den veganen Vorratsschrank sind Kokosprodukte wie Kokosmus, Kokosöl, Kokosfett, Kokosflocken, Kokosraspel oder natürlich auch Kokosmilch. Der Kokosnuss werden zahlreiche gesundheitliche Vorteile nachgesagt, und Kokosnussprodukte sind eine gesunde Alternative zu beispielsweise Bratölen, Sahne oder Kuhmilch.

ESSIG UND ÖL

Öle haben eine wichtige Funktion in der veganen Küche – zum Anbraten, Frittieren oder als Grundlage für Salatdressing oder Mayonnaise. Öl ist aber nicht gleich Öl. Dort, wo nicht erhitztes Öl benutzt wird (z.B. als Salatdressinggrundlage), schmecken vor allem Olivenöl, Kürbiskernöl, Hanföl oder Walnussöl. Zum Anbraten sind vor allem Raps-, Kokos- und Sonnenblumenöl zu empfehlen, zum Frittieren Erdnussöl oder Kokosfett. Sie sollten auf jeden Fall ein gutes kalt gepresstes (natives) Olivenöl und zum Anbraten ein günstiges Sonnenblumen- oder Rapsöl einkaufen. Essig ist nicht immer vegan, daher sollten Sie sich vorab am besten im Internet über passende Produkte informieren.

WÜRZEN UND SÜSSEN

Die oben erwähnten Lebensmittel schmecken allesamt an sich schon toll, trotzdem darf natürlich auch noch der gewisse Pfiff »herbeigewürzt« werden. Neben vielen bekannten Gewürzen benutzt man in der veganen Küche gerne Hefeflocken, die nicht nur Salate verfeinern und Saucen andicken, sondern aus denen auch Hefeschmelz zum Überbacken von Pizza oder Aufläufen hergestellt werden kann. Wer seinem

Rührtofu einen echten Eigeschmack verpassen möchte, sollte Kala Namak (Schwarzsalz) ausprobieren, das Speisen einen schwefelartigen Geschmack (und Geruch) verleiht. Rauchsalz verwendet man für Gerichte, die deftig geräuchert schmecken sollen. Ratsam sind auch der Kauf eines guten Meer- oder Steinsalzes und schwarzer Pfeffer aus der Mühle. Ansonsten gibt es für Gerichte wie Chili, Bolognese, Pizza oder Gulasch fertige Würzmischungen, mit denen Sie veganen Gerichten einen authentischen Geschmack verleihen können. Bei Gemüsebrühe sollten Sie darauf achten, dass diese glutamat- und palmölfrei ist.

Im Anhang finden Sie eine umfangreiche Übersicht der wichtigsten Produkte der veganen Küche zum schnellen Nachschlagen (siehe S. 186ff.). Zu empfehlen ist generell der Griff zu Biolebensmitteln, da diese deutlich seltener Zusatzstoffe enthalten und Obst und Gemüse nicht unnötig mit Chemikalien besprizt wurden. Auch der Umwelt bekommt der Bioanbau deutlich besser als der konventionelle. Nicht unerwähnt bleiben sollte, dass auch der Gemüseanbau oft nicht ohne Einsatz tierischer Produkte auskommt. So wird z.B. auch in Demeter-Betrieben Kuhmist als Düngemittel benutzt. Gar nicht so einfach also, konsequent nur solche Produkte zu kaufen, bei denen komplett auf die Nutzung von Tieren oder tierischen Produkten verzichtet wurde. Denn ob Bio oder nicht: Wer denkt schon daran?

KREATIV KOCHEN OHNE ERSATZPRODUKTE

Sie haben in den ersten Kapiteln einige Anregungen bekommen, wie man typische Fleischgerichte ganz einfach »veganisieren« kann, indem man Fleisch, Fisch und weitere tierische Produkte durch vegane Alternativen ersetzt.

Das erleichtert den Einstieg in die vegane Küche, und wer hin und wieder mal Lust auf seine alten Lieblingsgerichte hat, weiß nun, wie er sie auch ohne Tierprodukte zubereiten kann. Doch die vegane Küche hat noch viel mehr als die Nachahmung klassischer Fleischgerichte zu bieten und kommt zudem wunderbar ohne Ersatzprodukte aus. Mit Ersatzprodukten sind hier sogenannte Fake-Produkte gemeint wie z.B. Sojaschnitzel, vegane Scampi oder veganer Käse – also industriell verarbeitete Produkte, die Sie fertig kaufen können. Diese sind nicht mit Tofu, Seitan oder Tempeh gleichzusetzen, die ganz eigenständige Lebensmittel darstellen. Als Ersatz für tierische Produkte sind sie zwar ebenfalls durchaus geeignet, aber man würde ihnen nicht gerecht werden, sie nur als solche anzusehen. Natürlich kann man bei vielen Gerichten auch gleich komplett auf Soja, Seitan oder Tempeh verzichten, denn Gemüse alleine bietet schon eine großartige Geschmacksvielfalt.

»Vegan kochen ist kompliziert!«

MYTHOS #11

Sie werden schnell sehen, dass eine vegane Küche ohne Ersatzprodukte keineswegs weniger kreativ oder gar weniger vielfältig ist. Sie ist auch nicht aufwendiger oder komplizierter, man benötigt nicht einmal unbedingt besondere Küchengeräte, sondern kann gleich nach dem Einkauf loslegen. Kreativ kochen erfordert nicht, ein Küchenprofi zu sein, keine Angst. Es bedeutet vielmehr, Mut zum Experimentieren haben. Einige Rezepte für den Start sind sicher ganz hilfreich, doch mit ein wenig Übung werden Sie immer häufiger einfach schauen, was an Vorräten vorhanden ist und einfach loslegen. Meine Freude am Kochen ist sogar erst durch die vegane Ernährung so richtig geweckt worden – vielleicht geht es Ihnen ja ähnlich?

ROTE-BETE-TEMPEH-TÜRMCHEN

ZUTATEN FÜR 4 PERSONEN

⏳ 20 Min.

500 g Blumenkohl
3 Knollen Topinambur
Salz
200 g geräucherter Tempeh
4 Knollen Rote Bete (vorgekocht)
3 EL neutrales Öl
schwarzer Pfeffer aus der Mühle
100 g Sojasahne
1 Prise Muskatnuss, frisch
gerieben

Für das Dressing
2 EL Olivenöl
4 EL Orangensaft
1 Messerspitze Cayennepfeffer
1 Prise Meersalz

1. Blumenkohl waschen und in feine Röschen trennen, den Strunk grob würfeln. Topinambur schälen und würfeln. Blumenkohl und Topinambur für 15 Minuten in sprudelndem Salzwasser weich kochen.

2. Tempeh und Rote Bete in jeweils ca. ½ Zentimeter dicke Scheiben schneiden. Die Scheiben in etwas neutralem Öl von beiden Seiten scharf anbraten, mit Salz und Pfeffer abschmecken.

3. Blumenkohl und Topinambur abgießen und mit einem Kartoffelstampfer zu einem Püree stampfen. Sojasahne, Salz und Muskat nach Geschmack hinzugeben und mit einem Schneebesen gut durchrühren.

4. Aus Öl, Orangensaft, Cayennepfeffer und Salz ein Dressing anrühren.

5. Abwechselnd 1 Scheibe Tempeh und 1 Scheibe Rote Beete zu einem Türmchen anrichten. Daneben das Püree anrichten und das Dressing über die Türmchen geben.

Alternativ zum Stampfer kann auch eine Kartoffelpresse verwendet werden. Achtung! Pürees niemals mit einem Pürierstab oder Mixer herstellen, da sie sonst eine schleimige Konsistenz bekommen.

ZUCCHINI-TOMATEN-PIZZA MIT RUCOLA

ZUTATEN FÜR 2 PERSONEN

⏱ 1 Std.

Für den Pizzaboden
1 TL Trockenhefe
1 TL Zucker
325 g Mehl Type 550
¼ TL Meersalz

Für den Belag
1 große Zucchini
12-15 Cherrytomaten
2 EL Olivenöl
1 EL frischer Salbei, gehackt
½ TL schwarzer Pfeffer
½ TL Meersalz
1 EL Zitronensaft
1 EL frischer Rosmarin, gehackt
50 g Rucola

1. In einer kleinen Schüssel Hefe, Zucker und 180 Milliliter Wasser vermischen. Abdecken und 5 Minuten beiseitestellen.

2. In einer großen Schüssel Mehl und Salz vermischen. Nach und nach den Hefemix unterrühren. Eine Kugel formen und für ca. 5 Minuten gut durchkneten. Abdecken und an einem warmen Ort für 30 bis 60 Minuten gehen lassen.

3. Zucchini waschen und in Scheiben schneiden. Cherrytomaten waschen und halbieren. In einer großen Pfanne 1 Esslöffel Olivenöl auf mittlerer Flamme erhitzen. Zucchini, Cherrytomaten, Salbei und Pfeffer hinzufügen. 3 bis 4 Minuten unter Rühren leicht anbraten.

4. Salz und Zitronensaft dazugeben. Umrühren und vom Herd nehmen. Den Ofen auf 240 °C (Umluft 220 °C, Gas Stufe 5-6) vorheizen.

5. Den Teig erneut kurz durchkneten und auf einer bemehlten Fläche flach drücken. Von der Mitte aus zu einem ca. 2 Zentimeter dicken Boden auseinanderziehen und drücken. Auf ein Backblech oder einen Pizzastein legen.

6. Pizzaboden mit gehacktem Rosmarin bestreuen. Zucchini und Tomaten darauf verteilen. Mit restlichem Olivenöl beträufeln, 10 bis 12 Minuten backen. Rucola waschen, putzen, trockenschleudern und auf der Pizza verteilen.

WEISSE-BOHNEN-GRÜNKOHL-SUPPE

ZUTATEN FÜR 4 PERSONEN

⏱ 20 Min.

250 g Grünkohl
300 g weiße Bohnen (vorgekocht)
2 Knoblauchzehen
2 EL Olivenöl
schwarzer Pfeffer
¼ TL Paprikapulver (edelsüß)
1 EL Zitronensaft
800 ml Gemüsebrühe
½ TL Meersalz

1. Grünkohl waschen, putzen und in Streifen schneiden. Bohnen abgießen und abspülen.

2. Knoblauch abziehen und fein würfeln. Öl in einem großen Topf erhitzen. Knoblauch, Pfeffer und Paprikapulver hineingeben und unter ständigem Rühren 2 Minuten anrösten. Mit Zitronensaft ablöschen.

3. Bohnen und Gemüsebrühe hinzugeben und köcheln lassen. Grünkohl hinzugeben, weitere 5 Minuten auf kleiner Flamme köcheln lassen, mit Salz abschmecken.

4. Vom Herd nehmen und servieren. Nach Wunsch mit Sprossen und/oder Chili garnieren.

Außerhalb der Grünkohlsaison schmeckt diese Suppe auch toll mit frischem Blattspinat!

RISOTTO MIT JUNGEN ERBSEN UND GRÜNEM SPARGEL

ZUTATEN FÜR 4 PERSONEN

⏲ 15 Min. + 30 Min. Kochzeit

1 Bund grüner Spargel (ca. 500 g)
Salz
1 EL Zucker
1 Zwiebel
3 Frühlingszwiebeln
neutrales Öl zum Anbraten
250 g Risottoreis
1 EL Agavendicksaft
1 Schuss Weißwein
¾ l Gemüsebrühe
1 EL vegane Margarine
50 g grüne Erbsen
2 EL veganes grünes Pesto (Basilikum- oder Bärlauchpesto)
weißer Pfeffer
1 Prise Muskatnuss, frisch gerieben

1. Mit der Vorbereitung des grünen Spargels beginnen. Die etwas holzigen Enden dafür großzügig wegschneiden und nur die unteren Enden des grünen Spargels etwas schälen. In einem großen Topf Salzwasser mit Zucker erhitzen und den grünen Spargel darin 5 bis 6 Minuten kochen, bis er bissfest ist.

2. Spargel mit kaltem Wasser abbrausen, in kleine Stücke schneiden, die Spargelspitzen gesondert beiseitestellen und alles warm halten.

3. Zwiebel abziehen und fein würfeln, Frühlingszwiebeln waschen und klein schneiden. Einen Topf mittlerer Größe mit Öl erhitzen, Zwiebel und Frühlingszwiebeln darin kurz anbraten. Risottoreis hinzugeben und unter ständigem Rühren für 1 Minute anrösten. Mit 1 Esslöffel Agavendicksaft karamellisieren und mit Wein ablöschen. (Wer keinen Wein nutzen möchte, löscht mit der gleichen Menge Gemüsebrühe ab.)

4. Brühe innerhalb der folgenden 15 Minuten unter ständigem Rühren nach und nach hinzufügen, immer dann, wenn sich der Reis vollgesogen hat. Nach etwa 5 Minuten vegane Margarine in das Risotto einrühren.

5. Wenn die Reiskörner fast bissfest sind, Erbsen hinzufügen und die Spargelstücke vorsichtig unterheben. Das Risotto sollte nach ca. 15 Minuten Kochzeit cremig sein. Das Ganze noch einige Minuten ziehen lassen.

6. Abschließend Pesto einrühren und das Risotto mit weißem Pfeffer, Salz und Muskat abschmecken.

7. Die angewärmten Spargelspitzen auf das angerichtete Risotto geben und heiß servieren.

Beim Kauf von Pesto darauf achten, dass kein Käse enthalten ist. Außerdem: Tiefkühlerbsen sind viel knackiger als Dosenware!

MAIS-KOKOS-SUPPE

ZUTATEN FÜR 4 PERSONEN
⏲ 20 Min.

1 kleines Bund Frühlingszwiebeln
2 Knoblauchzehen
2 EL neutrales Öl
1 TL gemahlener Koriander
½ TL schwarzer Pfeffer
250 g Mais (Glas oder Dose)
200 ml Kokosmilch
½ TL Meersalz
frische Kräuter oder Sprossen zum Garnieren

1. Frühlingszwiebeln waschen und in Ringe schneiden, Knoblauch abziehen und fein würfeln.
2. Öl in einer Pfanne auf mittlerer Flamme erhitzen.
3. Frühlingszwiebeln, Knoblauch, Koriander und Pfeffer in die Pfanne geben, 2 bis 3 Minuten unter Rühren anbraten.
4. Mais dazugeben, erneut umrühren. Kokosmilch ebenfalls dazugeben und die Hitze reduzieren.
5. 400 Milliliter Wasser hinzufügen, 10 Minuten bei geringer Hitze köcheln lassen.
6. Mit Salz abschmecken und mit Kräutern und/oder Sprossen garnieren.

Tipp: Wer die Suppe feiner mag, kann diese vor dem Servieren pürieren.

THAICURRY MIT TOFU

ZUTATEN FÜR 2 PERSONEN

⏲ 45 Min. + 2 Std. Marinierzeit

200 g Naturtofu
1 kleine Knoblauchzehe
1 cm frische Ingwerwurzel
1 EL Sojasauce
150 g Basmatireis
Salz
1 rote Paprikaschote
1 Zucchini
2 Möhren
2 Frühlingszwiebeln
90 g grüne Bohnen
2 TL Kokosöl
1 EL Massaman Currypaste
oder grüne Currypaste
200 ml Kokosmilch
50 ml Gemüsebrühe
Pfeffer

1. Tofu leicht auspressen, damit Flüssigkeit entweicht, in Würfel schneiden. Knoblauch abziehen und fein würfeln. Ingwer schälen und fein reiben.

2. Knoblauch mit Sojasauce, 1 Teelöffel Wasser und Ingwer vermischen und über den Tofu in eine Schüssel gießen. 1 bis 2 Stunden marinieren lassen, zwischendurch noch einmal durchmischen. Reis nach Packungsanweisung in Salzwasser kochen.

3. Paprikaschote waschen, Kerngehäuse entfernen und das Fruchtfleisch in Streifen schneiden. Zucchini und Möhren waschen, putzen und in Stifte schneiden. Frühlingszwiebeln waschen und in feine Ringe schneiden, Bohnen waschen, putzen und halbieren.

4. Kokosöl in einer Pfanne erhitzen und die Tofuwürfel darin goldbraun anbraten. Herausnehmen und warm stellen.

5. Erneut Kokosöl in der Pfanne erhitzen und die Möhren- und Paprikastreifen 3 Minuten anbraten. Frühlingszwiebeln, Bohnen und Zucchinistifte dazugeben und 2 Minuten mit anbraten. Currypaste unterrühren, Kokosmilch und Gemüsebrühe dazugeben, etwa für 5 Minuten köcheln lassen.

6. Mit Salz und etwas Pfeffer abschmecken. Anschließend den Tofu dazugeben und mit dem Reis servieren.

Beim Kauf von Currypaste darauf achten, dass sie wirklich vegan ist, denn viele Currypasten werden mit Schalentieren hergestellt. Eine Internetsuche hilft, das richtige Produkt zu finden.

SUPPE AUS GERÖSTETEM KÜRBIS MIT KANDIERTEN KÜRBISKERNEN

ZUTATEN FÜR 4 PERSONEN

⏲ 1 Std.

1 Butternut-Kürbis
3 EL Olivenöl
Salz
3 Schalotten
3 cm frische Ingwerwurzel
2 Kartoffeln
1 große Möhre
3 Knoblauchzehen
1 TL gemahlener Kreuzkümmel
1 TL Paprikapulver
½ TL schwarzer Pfeffer
1–1¼ l Gemüsebrühe

Für die kandierten Kürbiskerne

2 EL Olivenöl
2 EL brauner Zucker
30 g Kürbiskerne
¼ TL Salz

1. Ofen auf 220 °C (Umluft 200 °C, Gas Stufe 4-5) vorheizen. Kürbis vierteln und mit 1 Teelöffel Olivenöl und etwas Salz einreiben. Auf ein Backblech mit Backpapier legen und 30 Minuten im Ofen rösten, bis die Kürbisviertel gar sind. Aus dem Ofen nehmen und abkühlen lassen.

2. Schalotten abziehen und würfeln, Ingwer, Kartoffeln und Möhre ebenfalls schälen und klein schneiden. In einem großen Topf restliches Olivenöl auf mittlerer Flamme erhitzen. Schalotten hineingeben und für 5 Minuten glasig dünsten. Ingwer, Kartoffeln und Möhre dazugeben und weitere 5 Minuten anbraten. Knoblauch abziehen und hineinpressen, mit Kreuzkümmel, Paprika, Salz und Pfeffer würzen.

3. Die harte Schale der Kürbisviertel wegschneiden, die Kürbisstücke würfeln und ebenfalls mit in den Topf geben, für weitere 2 Minuten garen.

4. Gemüsebrühe zugeben und zum Kochen bringen. Hitze reduzieren und abgedeckt 20 Minuten köcheln lassen. Alles mit einem Stabmixer glatt pürieren.

5. In einer kleinen Pfanne Olivenöl auf mittlerer Flamme erhitzen. Braunen Zucker einrühren und unter Rühren für 2 bis 3 Minuten schmelzen lassen. Kürbiskerne und Salz hinzufügen, weitere 2 Minuten unter Rühren karamellisieren. Vom Herd nehmen.

6. Suppe in Teller geben, mit Kürbiskernen garnieren und servieren.

ROTE-BETE-BURGER MIT BARBECUESAUCE

ZUTATEN FÜR 4 PERSONEN
⏳ 30 Min.

Für die Bratlinge

100 g Kichererbsen (vorgekocht)
1 Knolle Rote Bete
1 Möhre
50 g Haferflocken (Kleinblatt)
30 g Kichererbsenmehl
2 EL Sojamehl
schwarzer Pfeffer
½ TL Meersalz
1 EL Zitronensaft
1 EL Öl

Für die Barbecuesauce

2 EL Tomatenmark
1 EL Zitronensaft oder
2 EL Aceto balsamico
2 TL Sojasauce
1 EL Agavendicksaft
oder brauner Reissirup
¼ TL Paprikapulver
¼ TL gemahlener Koriander
schwarzer Pfeffer
¼ TL Meersalz

Außerdem

4-8 Salatblätter
1 große Tomate
4 Brötchen

1. In einer großen Rührschüssel die Kichererbsen mit einer Gabel fein zerquetschen. Rote Bete und Möhre schälen und reiben. Rote Bete, Möhre, Haferflocken, Kichererbsenmehl, Sojamehl, Pfeffer, Salz, Zitronensaft und 2 Esslöffel Wasser zu den Kichererbsen geben und alles gut vermengen. Abdecken und 15 Minuten beiseitestellen.

2. Salat und Tomate waschen, Tomate in Scheiben schneiden.

3. Für die Sauce in einer kleinen Schüssel alle Saucenzutaten mit 2 Esslöffel Wasser sämig verschlagen. Für eine dünnere Sauce einfach mehr Wasser dazugeben.

4. In einer großen Pfanne Öl auf mittlerer Flamme erhitzen.

5. Hände befeuchten und aus der Bratlingmasse 4 große Bälle formen. Diese vorsichtig flach drücken, bis sie ca. 3 Zentimeter dick sind. Burgerbratlinge 3 bis 5 Minuten pro Seite anbraten.

6. Brötchen halbieren. Bratlinge auf Brötchenhälften legen und Salatblätter sowie Tomatenscheiben darüberschichten. Barbecuesauce darübergeben und servieren.

RAVIOLI MIT CASHEW-TOMATEN-FÜLLUNG

ZUTATEN FÜR CA. 20 GROSSE RAVIOLI
⏲ 45 Min. + 3 Std. Ruhezeit

Für den Nudelteig
400 g Hartweizengrieß

Für die Füllung
100 g Cashewkerne
10 getrocknete Tomaten ohne Öl
1 kleine Tomate
1 EL Tomatenmark
1 Prise Salz
Semmelbrösel

Für das Pesto
80 g Rucola
1 Bund Basilikum
75 g Mandeln
50 ml Olivenöl
1 Prise Meersalz
1 große Knoblauchzehe
Salz

Außerdem
Tomatenwürfel und Basilikum zum Dekorieren

1. Für den Teig 180 Milliliter warmes Wasser bereitstellen. Den Hartweizengrieß in eine große Schüssel geben und mit den Fingern in der Mitte eine Kuhle formen. Diese bis zum Rand mit Wasser auffüllen und mit der Gabel vom Rand her den Grieß hineinschieben. Im entstandenen Brei eine erneute Kuhle formen. Diese Prozedur so lange wiederholen, bis das Wasser vollständig verwendet wurde.

2. Die so entstandene bröckelige Masse so lange kneten, bis keine Grießkörner mehr spürbar sind. Falls der Teig zu klebrig ist, vorsichtig Grieß nachschütten. Den Teig schließlich zu einer festen Kugel formen und mindestens 3 Stunden im Kühlschrank ruhen lassen.

3. Für die Füllung die Cashewkerne ebenfalls für mindestens 3 Stunden in Wasser einweichen. Anschließend mit den getrockneten Tomaten, der gewaschenen frischen Tomate, Tomatenmark, Salz und gegebenenfalls etwas Wasser im Mixer (oder mit einem Stabmixer) zu einer glatten Masse verrühren. Machen Sie den »Löffeltest«: Die Masse sollte nicht von einem schräg gehaltenen Metalllöffel tropfen. Tut sie das, so rühren Sie Semmelbrösel unter, bis sich die Masse nicht mehr vom Löffel löst.

4. Für das Pesto alle Zutaten ebenfalls im Mixer zu einer glatten Masse verarbeiten und kalt stellen.

5. Anschließend den Nudelteig möglichst dünn auf einem Holzbrett ausrollen und mithilfe eines Glases oder Ravioliformers Kreise von 8 bis 10 Zentimeter Durchmesser ausstechen. Diese mit der Masse füllen und entweder den Ravioliformer zusammendrücken oder die Kreise in der Mitte über die Füllung falten und mithilfe einer Gabel die Ränder zusammendrücken.

6. In einem großen Topf mindestens 3 Liter Wasser mit 2 Esslöffel Salz aufkochen und anschließend die Hitze reduzieren. Das Wasser darf nicht mehr kochen. Die Ravioli vorsichtig hineingeben. Sie sind gar, wenn sie an der Oberfläche schwimmen.

7. Mit einem Schaumlöffel herausheben und auf einem Pestospiegel servieren. Das Gericht kann man mit ein paar Tomatenwürfeln und Basilikum garnieren.

Original italienische Nudeln sind immer vegan, da sie lediglich aus Hartweizengrieß und Wasser bestehen. Achten Sie beim Nudelkauf aber darauf, keine Eiernudeln zu erwischen!

GLASNUDEL-TOFU-SUPPE

ZUTATEN FÜR 2 PERSONEN

⏱ 30 Min.

200 g Tofu
Öl (Erdnuss- oder Rapsöl)
milde Sojasauce
100 g Glasnudeln
2 Möhren
1 kleines Bund Frühlingszwiebeln
1 Knoblauchzehe
½ l Gemüsebrühe
1-2 EL Limettensaft
Pfeffer
optional ½ Chilischote, gehackt

1. Tofu in kleine Würfel schneiden, in etwas Öl und 2 Esslöffel Sojasauce für 10 Minuten marinieren lassen.

2. Glasnudeln mit etwa ½ Liter kochendem Wasser übergießen, 3 bis 5 Minuten ziehen lassen, dann das Wasser abschütten und die Nudeln abtropfen lassen.

3. 2 Esslöffel Öl in einem Topf erhitzen. Möhren schälen und grob würfeln, Frühlingszwiebeln waschen, putzen und zerkleinern. Tofu, Möhren und Frühlingszwiebeln unter gelegentlichem Rühren kurz anbraten. Knoblauch abziehen und hineinpressen, kurz anschwitzen lassen.

4. Mit Gemüsebrühe ablöschen und 10 Minuten bei mittlerer Hitze köcheln lassen. Mit Limettensaft, Sojasauce, Pfeffer und bei Bedarf mit etwas Chili abschmecken.

5. Die Glasnudeln kurz vor Ende dazugeben, kurz durchziehen lassen und servieren.

ROTE-BETE-EINTOPF MIT POLENTATALERN

ZUTATEN FÜR 4 PERSONEN
⏱ 30 Min. + 30 Min. Ruhezeit

Für die Polentataler
½ l Gemüsebrühe
250 g Maisgrieß
1 TL Salz
neutrales Öl

Für den Rote-Bete-Eintopf
2 EL neutrales Öl
1 rote Zwiebel
2 große Kartoffeln (festkochend)
2 Möhren
350 ml Gemüsebrühe
3 Knollen Rote Bete (vorgekocht)
2 Lorbeerblätter
6 Gewürzgurken + 3 EL Gurkensud
2 EL Weißweinessig
1 EL Rohrzucker
Pfeffer und Salz
1 EL Majoran
2 EL Sojajoghurt (ungesüßt)

ZUBEREITUNG POLENTATALER

1. Gemüsebrühe aufkochen und den Maisgrieß unter ständigem Rühren einrieseln lassen. Salzen. Bei geringer Hitze weiterkochen und so lange rühren, bis sich die Masse vom Topfrand löst. 10 Minuten quellen lassen.

2. Die Masse auf ein mit Backpapier ausgelegtes Blech in ca. 2 Zentimeter Höhe ausstreichen und zur Seite stellen. Nach 30 Minuten mit einem Glas Taler aus der Masse stechen und diese in etwas Pflanzenöl von beiden Seiten goldbraun anbraten.

ZUBEREITUNG ROTE-BETE-EINTOPF

1. Einen Topf mit Öl erhitzen. Zwiebel abziehen, würfeln und darin andünsten. Kartoffeln und Möhren waschen oder schälen, würfeln und mit der Zwiebel kurz anbraten. Mit Gemüsebrühe ablöschen und Hitze reduzieren. Rote Bete würfeln und zusammen mit Lorbeerblättern hinzugeben. Köcheln, bis die Kartoffeln gar sind (15 Minuten).

2. Gewürzgurken würfeln und ebenfalls hinzugeben. Weitere 10 Minuten ziehen lassen. Anschließend die Lorbeerblätter entfernen und den Eintopf mit Gurkensud, Weißweinessig, Rohrzucker, Pfeffer, Salz und Majoran würzen. Mit einem Klecks Sojajoghurt garnieren und mit Polentatalern servieren.

97

GNOCCHI-GEMÜSE-PFANNE

ZUTATEN FÜR 4 PERSONEN

⏱ 1 Std.

1 kg Kartoffeln (mehligkochend)
Salz
230 g Weizenmehl Type 550
1 EL Speisestärke
2 EL Sojadrink
½ TL Muskatnuss, frisch gerieben
Mehl für die Arbeitsfläche
1 rote Zwiebel
1 Zucchini
1 Paprikaschote
100 g Champignons
3 EL Olivenöl
1 Knoblauchzehe
Kräuter nach Geschmack, z.B. Thymian und Rosmarin
Pfeffer aus der Mühle

1. Kartoffeln schälen und in gleichmäßige Stücke schneiden. 30 Minuten in Salzwasser weich kochen, anschließend etwas ausdampfen lassen. Mit Kartoffelpresse oder Stampfer fein zerdrücken, dann die Kartoffelmasse vollständig abkühlen lassen. Mit Mehl, Stärke, Sojadrink, 1 Teelöffel Salz und Muskat zu einem geschmeidigen Teig verkneten.

2. Arbeitsfläche mit Mehl bestreuen. Teig in drei bis vier Teile aufteilen und jeweils zu einer dünnen »Wurst« rollen. Fingerdicke Stücke abschneiden und mit einer Gabel etwas eindrücken. Mit etwas Mehl bestäuben, damit sie nicht zusammenkleben.

3. Wasser in einem großen Topf erhitzen, etwas Salz hineingeben. Das Wasser soll leicht sieden, aber nicht sprudelnd kochen. Die Gnocchi hineingeben und für 8 bis 10 Minuten garen. Mit einer Schöpfkelle oder einem Löffel aus dem Wasser nehmen, in ein Sieb geben, kurz mit kaltem Wasser abschrecken und abtropfen lassen.

4. Zwiebel abziehen und grob würfeln. Zucchini und Paprika waschen, putzen und klein schneiden, Champignons putzen und in Scheiben schneiden. Olivenöl in einer Pfanne erhitzen, Gemüse hinzugeben und für 2 bis 3 Minuten anrösten.

5. Knoblauch abziehen und hineinpressen. Gnocchi hinzugeben und alles zusammen für weitere 2 bis 3 Minuten unter gelegentlichem Rühren anbraten. Kräuter waschen, klein hacken und kurz vor Ende dazugeben. Mit Salz und Pfeffer abschmecken.

Dazu schmeckt eine fruchtige Tomatensauce oder frisches Pesto verde!

GEBACKENE BIRNEN MIT HEIDELBEEREN UND WALNÜSSEN

ZUTATEN FÜR 4 PERSONEN

⏱ 45 Min.

4 Birnen
1 EL Zitronensaft
½ TL Zimtpulver
30 g Walnussstücke
1 EL Rapsöl
1 EL Zucker
100 g Heidelbeeren
1 EL Maisstärke
3 EL Zucker
Puderzucker zum Bestäuben

1. Ofen auf 220 °C (Umluft 200 °C, Gas Stufe 4-5) vorheizen.

2. Birnen waschen, halbieren, entkernen und in Zitronensaft und Zimt marinieren. Auf ein mit Backpapier ausgelegtes Backblech legen und 25 Minuten im Ofen backen. Herausnehmen und beiseitestellen.

3. Inzwischen Walnussstücke in einer Pfanne ohne Öl für 2 bis 3 Minuten anrösten, bis sie leicht braun werden. Dann mit Öl und Zucker kurz karamellisieren und für 1 bis 2 weitere Minuten rösten.

4. Heidelbeeren in einem kleinen Topf erhitzen. Maisstärke und Zucker mit 80 Milliliter Wasser anrühren und zu den Heidelbeeren geben. Auf niedriger Stufe köcheln lassen, bis die Heidelbeersauce eindickt. Kurz abkühlen lassen.

5. Nun die Heidelbeersauce über die gerösteten Birnenstücke geben, mit Walnüssen garnieren und mit Puderzucker bestäuben.

SAFTIGER ORANGEN-BROKKOLI MIT SEITAN

ZUTATEN FÜR 4 PERSONEN

⏱ 30 Min.

500 g Brokkoli
400 g Seitan
120 ml Orangensaft
2 EL Bio-Orangenschalenabrieb
2 EL Reisweinessig
4 EL Sojasauce
2 EL Speisestärke
2 EL Zucker
3 EL neutrales Öl
2 Knoblauchzehen
3 cm frische Ingwerwurzel
½ TL gemahlener Koriander
½ TL schwarzer Pfeffer
optional 1 rote Chilischote, gehackt
1 TL Sesamöl
frischer Koriander, gehackt

1. Brokkoli waschen und in mittelgroße Röschen, Seitan in mundgerechte Stücke schneiden.

2. In einer Schüssel Orangensaft, geriebene Orangenschale, Reisweinessig, Sojasauce, 350 Milliliter Wasser, Stärke und Zucker sämig rühren.

3. In einer großen Pfanne oder im Wok Öl auf mittlerer Flamme erhitzen. Knoblauch und Ingwer abziehen bzw. schälen und klein hacken. Zusammen mit gemahlenem Koriander, Pfeffer und Chili (wenn gewünscht) hinzufügen. Für 2 Minuten unter ständigem Rühren anbraten.

4. Brokkoli, Seitan und Sesamöl dazugeben, weitere 3 bis 4 Minuten unter Rühren garen.

5. Den Orangensaftmix aus Schritt 2 nach und nach unterrühren.

6. Hitze reduzieren und die Sauce 4 bis 5 Minuten unter gelegentlichem Rühren eindicken lassen. Der Brokkoli sollte noch knackig sein.

7. Mit frischem gehacktem Koriander garnieren und mit Reis oder Quinoa servieren.

KOHLRABISCHNITZEL MIT BRATKARTOFFELN

ZUTATEN FÜR 4 PERSONEN

⏱ 30 Min.

Für die Schnitzel
Salz
2 große Kohlrabi
3 EL Speisestärke
1 TL Senf
150 g Dinkelbrösel
3 EL neutrales Öl

Für die Bratkartoffeln
600 g Kartoffeln
(festkochend, möglichst bereits
am Vortag gekocht)
1 große Zwiebel
100 g Räuchertofu
3 EL neutrales Öl
Salz
schwarzer Pfeffer aus der Mühle

1. Für die Kohlrabischnitzel einen Topf mit reichlich Salzwasser zum Kochen bringen. Derweil Kohlrabi schälen und in ca. 1 Zentimeter dicke Scheiben schneiden. Kohlrabi in das kochende Wasser geben und darin etwa 5 Minuten blanchieren. Mit kaltem Wasser abschrecken und gut abtropfen lassen.

2. Speisestärke mit 6 Esslöffel Wasser und Senf in ein Glas mit Verschluss geben, kräftig durchschütteln und in einen tiefen Teller geben. Auf einen zweiten Teller Dinkelbrösel verteilen.

3. Die Kohlrabischeiben zuerst in der Flüssigkeit, dann in den Bröseln wenden und die Brösel möglichst fest andrücken.

4. In einer Pfanne bei mittlerer Hitze Öl erhitzen und die Kohlrabischnitzel von beiden Seiten für je ca. 4 Minuten anbraten.

5. Für die Bratkartoffeln Kartoffeln schälen und in ca. 1 Zentimeter dicke Würfel schneiden. Zwiebel abziehen und grob würfeln. Räuchertofu fein würfeln.

6. In einer Pfanne Öl stark erhitzen und die Bratkartoffeln unter stetigem Wenden für 5 bis 10 Minuten anbraten, die Hitze zurücknehmen und Zwiebel sowie Räuchertofu dazugeben. Für weitere 5 Minuten braten, mit Salz und Pfeffer abschmecken.

5. GETRÄNKE OHNE TIERISCHES

Wer glaubt, ein Milchkaffee schmecke nur mit Kuhmilch, der täuscht sich. Selbstverständlich kann man auch mit Pflanzenmilch oder -sahne Getränke wie Eiskaffee, Lassis oder Cocktails genießen. Bei Wein und Säften muss man allerdings gut aufpassen, denn häufig sind diese nicht vegan.

GETRÄNKE OHNE TIERISCHES

Bei Getränken sollte einfach zu erkennen sein, ob tierische Produkte enthalten sind oder nicht. Denkt man. Klar, alles, wo Milch drin ist, ist schon mal nicht vegan und Joghurt-Lassis natürlich auch nicht. Deutsches Bier ist üblicherweise vegan, Wein leider nicht. Genauso wenig wie geklärte Säfte und damit auch so einige Limonaden stets vegan sind.

»GESCHÖNTE« GETRÄNKE

Schuld sind natürlich nicht die Früchte, aus denen Saft oder Wein gewonnen wird, sondern der Produktionsprozess. Häufig kommt Gelatine, Milch-Casein, Eiklar oder ein Produkt aus Fischblase zum Einsatz, um die Getränke zu »schönen«. Schönen bedeutet, den Wein bzw. Saft zu klären, zu stabilisieren oder zu harmonisieren. Auch Weinessig ist aus den gleichen Gründen in der Regel nicht vegan, am ehesten noch Apfelessig, aber auch dieser nicht immer. Bislang hilft nur eine Produktrecherche, denn eine klar erkennbare Deklaration ist noch nicht vorgeschrieben. Hochalkoholische Getränke wie Whisky und Wodka können durch Tierkohle gefiltert worden sein, in manch rotem Getränk ist Karmin (Farbstoff aus Läusen) enthalten. Auch Gelatine könnte verwendet worden sein, einige alkoholische Getränke enthalten zudem Sahne, Honig oder Milch. Wer unbedingt mit veganem Sekt anstoßen möchte, muss sich ebenfalls gut informieren, denn viele bekannte Marken sind nicht vegan.

Die fehlende Deklaration macht es natürlich gar nicht so einfach, unterwegs mal schnell einen Wein oder Sekt einzukaufen, und in der Kneipe wird man vermutlich eher irritierte Blicke ernten, wenn man nachfragt, ob das Glas Wein denn auch vegan sei. Und so sehen nach meinen persönlichen Erfahrungen viele ansonsten recht strikt vegan lebende Menschen beim Thema Wein nicht so genau hin, wohl auch weil ein Hilfsstoff wie Gelatine dem Wein am Ende wieder entzogen wird. Auch hier gilt wie so häufig, dass jeder für sich entscheiden muss, wie konsequent man das Ganze handhabt.

Bierfans können wie bereits erwähnt bei deutschen Bieren aufgrund der Hauptzutaten Gerstenmalz, Hopfen, Wasser und Hefe (und bei bestimmten Biersorten auch Zucker) recht entspannt zugreifen. Bei Importbieren kann das aber durchaus anders aussehen, bisweilen wird Honig oder eben Gelatine zugesetzt. Leider schließt letztlich auch das deutsche Reinheitsgebot die Verwendung von Gelatine als Klärmittel nicht explizit und endgültig aus, allerdings ist die Verwendung von Gelatine in der Praxis in Deutschland absolut nicht üblich. Problematischer ist allerdings, dass der Kleber zum

Auftragen der Etiketten bei den meisten Brauereien aus tierischen Bestandteilen besteht. Wer absolute Gewissheit erlangen möchte, muss eine Anfrage beim Hersteller stellen.

PFLANZLICHE ALTERNATIVEN

Zum Glück muss aber kein Veganer ausschließlich Wasser und Tee trinken, auch wenn man sich unbedingt mal durch die unglaubliche Vielfalt an Teesorten trinken sollte. Im Sommer kann man übrigens auch ganz einfach erfrischende Eistees herstellen. Kaffeefreunde sollten einfach mal ausprobieren, welche Pflanzenmilch ihnen am besten im Kaffee oder Cappuccino schmeckt. Wer es aufgeschäumt mag, ist am besten mit einem Sojadrink beraten, Hafer- und Mandeldrinks können auch halbwegs gut aufgeschäumt werden, Reisdrink leider nicht. Freunde des süßen Kaffees sollten mal einen Soja-Vanille-Latte-macchiato testen.

Jede Kaffeespezialität ist somit letztlich ganz einfach zu veganisieren und bietet sogar ganz neue Geschmackserlebnisse. Inzwischen bieten übrigens die meisten Cafés mindestens Sojamilch als Alternative an, häufig mit einem Aufpreis. Statt Honig im Tee schmeckt Agavendicksaft oder Reissirup genauso gut, außerdem gibt es tatsächlich Honig aus Löwenzahn und veganen Sirup mit Honiggeschmack. Sahne in Cocktails ist einfach durch Sojasahne zu ersetzen, Joghurt in Lassis durch Sojajoghurt.

Weinliebhaber finden zum Glück immer häufiger im veganen Handel, in Bioläden oder Reformhäusern eindeutig als vegan deklarierte Weine. Es gibt für den Klärungsprozess nämlich durchaus pflanzliche Alternativen wie Aktivkohle, Mineralerde oder vegetabile Gelatine. Bei Säften hilft natürlich der Griff zu ungeklärten, also trüben Natursäften, um sicherzugehen.

SUPERGETRÄNK GRÜNE SMOOTHIES

Zum echten Trend sind »Grüne Smoothies« geworden. Diese bestehen je zur Hälfte aus reifen Früchten und aus grünen Blättern wie Mangold und Spinat, dem Grün von Möhren, Roter Bete oder Radieschen (schmeckt im Smoothie toll und hat viele Nährstoffe). Auch Grünkohl und Wirsing kommen zum Einsatz, bringen dabei einen deutlich intensiveren Geschmack mit sich. Kräuter und besonders Avocados machen sich ebenfalls toll in Smoothies. Ihrer Kreativität sind also keine Grenzen gesetzt, und auch hier gilt: einfach experimentieren. Bei Früchten sind Bananen, Äpfel, Birnen, rote Beeren und Orangen die Klassiker, gerne auch als Tiefkühlobst, das den Smoothie noch etwas cremiger macht. Wer mag, kann seinen Grünen Smoothie durch Superfoods wie Gojibeeren, Matchapulver oder Weizengras ergänzen.

Das Wunderbare an Grünen Smoothies ist, dass man durch sie eine große Menge an Obst und Blattgemüse in konzentrierter und wirklich leckerer Form zu sich nehmen kann und damit vor allem richtig viele Nährstoffe. Der perfekte Start in den Tag also. Vorteilhaft ist es, einen guten Hochleistungsmixer für die Zubereitung zu haben, da diese Geräte durch ihre hohe Umdrehung die volle Nährstoffpalette aus dem Blattgrün »herauskitzeln«. Selbstverständlich können Sie auch mit einem handelsüblichen Stabmixer einen Grünen Smoothie herstellen, doch wer erst mal so richtig auf den Geschmack gekommen ist, sollte sich die Investition in einen guten Mixer überlegen, denn dieser erleichtert die Zubereitung und macht die Smoothies-Konsistenz zudem deutlich feiner. Für mich sind Fruchtsmoothies und vor allem Grüne Smoothies unverzichtbar geworden und stehen fast täglich auf meinem Speiseplan.

GRÜNER STARTER-SMOOTHIE

ZUTATEN FÜR 2 GLÄSER
⏱ 10 Min.

1 große reife Banane
2 aromatische Äpfel
2-3 Handvoll frischer
(Baby-)Spinat
1 reife Avocado
Saft von ½ Zitrone

1. Banane schälen, Äpfel waschen und entkernen. Spinat waschen und trockenschütteln, Avocado halbieren, entsteinen und Fruchtfleisch aus der Schale lösen.

2. Die vorbereiteten Zutaten mit Zitronensaft und ¼ bis ½ Liter Wasser in einen möglichst leistungsstarken Mixer geben, mixen, genießen.

Tipp: Variieren Sie dieses Rezept einfach immer wieder mit anderen Obstsorten (z.B. mit Birne, Orange, Mango, Ananas) und »Grünzeugs«. Sie brauchen nicht alles genau abmessen: Halb Obst, halb grün ist eine prima Faustregel. Richtig gut eignet sich auch TK-Obst. Bananen können wunderbar geschält, in Stücke geschnitten und eingefroren werden.

Das Bild zum Rezept finden Sie auf Seite 107 links.

WALDBEERE-BANANE-SMOOTHIE

ZUTATEN FÜR 2 GLÄSER
⏱ 5 Min.

1 Banane
150 g Waldbeeren (tiefgekühlt)
1 Orange
300 ml Vanillehaferdrink

1. Banane schälen, Waldbeeren antauen lassen. Die Orange so schälen, dass das meiste der weißen Haut mit entfernt wird.

2. Das vorbereitete Obst mit dem Haferdrink in einen möglichst leistungsstarken Mixer geben, mixen, genießen.

Tipp: Variieren Sie Zutaten einfach immer wieder: Statt Waldbeeren schmecken auch Kirschen oder Erdbeeren (frisch oder tiefgekühlt) köstlich im Smoothie. Wird statt Vanillehaferdrink ein ungesüßter Pflanzendrink verwendet, kann 1 Messerspitze Vanillepulver hinzugefügt werden.

Das Bild zum Rezept finden Sie auf Seite 107 rechts.

SUPERFOODS-SMOOTHIE

ZUTATEN FÜR 2 GLÄSER
⏱ 5 Min.

350 ml Vanillehaferdrink
2 TL Mesquite-Pulver
½ TL Baobab-Pulver
1 TL Maca-Pulver
1 EL gepoppter Amaranth
1 EL rohe Kakaonibs
½ gefrorene Banane
1 TL Kokosblütenzucker

1. Alle Zutaten in einen möglichst leistungsstarken Mixer geben, mixen, genießen.

Tipp: Dieser Smoothie ist prall gefüllt mit Nährstoffen, man sollte aber bei der Verwendung von Superfoods auf die empfohlenen Tageshöchstmengen achten. Gefrorene Bananen sind eine tolle Zutat in jedem Smoothie und sollten möglichst immer bevorratet werden. Einfach hin und wieder ein paar Bananen in Stücke schneiden und diese in einem Gefrierbeutel ins Kühlfach geben. Besonders gut eignen sich dabei sehr reife Bananen, da diese einen besonders intensiven Geschmack haben.

Das Bild zum Rezept finden Sie auf Seite 107 in der Mitte.

Smoothies sind inzwischen sehr beliebt, besonders Grüne Smoothies sind ein absoluter Renner, auch wenn man immer noch so manch irritierten Blick erntet, wenn man diese statt Kaffee im Büro trinkt. Für die Zubereitung solcher Smoothies ist ein Hochleistungsmixer zwar keine Voraussetzung, einfacher geht es aber allemal damit, und die Konsistenz ist deutlich feiner.

PFIRSICHEISTEE

ZUTATEN FÜR CA. 1 L
⧖ 5 Min.

1 l schwarzer oder grüner Tee
1 Dose Pfirsiche
(Abtropfgewicht 420 g)
Eiswürfel
optional frische Minze

1. Eine große Kanne grünen oder schwarzen Tee aufkochen.
2. Diesen vollständig abkühlen lassen und dann im Kühlschrank kühl stellen.
3. Die Pfirsiche aus der Dose mit dem enthaltenen Saft pürieren.
4. Ein paar Eiswürfel in ein großes Glas geben. Dieses zu ¾ mit kaltem Tee füllen und mit Pfirsichpüree auffüllen. Mit frischer Minze garnieren.

CHIA-FRESCA-DRINK

ZUTATEN FÜR 1 GLAS
⧖ 10 Min.

200 ml Wasser oder
Mineralwasser
1 EL Chiasamen
1 TL Zitronensaft
nach Geschmack
Agavendicksaft für die Süße
optional Eiswürfel

1. Wasser in ein Glas geben und Chiasamen hinzugeben. Gut umrühren und 10 Minuten quellen lassen.
2. Zitronensaft und Süßungsmittel nach Geschmack dazugeben, noch einmal gut umrühren. Nach Wunsch Eiswürfel in den Drink geben.

Nicht wundern: Die Chiasamen quellen auf, sodass der Erfrischungsdrink eine dickflüssigere Konsistenz hat.

MATE-LIMO

ZUTATEN FÜR CA. 1 L
⧖ 5 Min.

1 l Mate-Tee
nach Geschmack Agavendicksaft
für die Süße
1 Zitrone oder Limette
Eiswürfel
Mineralwasser zum Auffüllen

1. Eine große Kanne Mate-Tee kochen. Nach Geschmack süßen und den ausgepressten Saft der Zitrone oder Limette dazugeben.
2. Den Tee vollständig abkühlen lassen und im Kühlschrank kalt stellen.
3. Eiswürfel in ein Glas geben, dieses zur Hälfte mit dem Mate-Tee füllen und mit sprudelndem Mineralwasser auffüllen.

PIÑA-COLADA-SMOOTHIE

ZUTATEN FÜR 2 GLÄSER

⧖ 5 Min.

250 g frische Ananas
200 ml Kokosmilch
optional 2 EL Agavendicksaft
6-10 Eiswürfel

1. Ananas schälen und in Stücke schneiden.
2. Alle Zutaten mit 200 Milliliter kaltem Wasser 30 bis 45 Sekunden in einem Mixer glatt pürieren, genießen.

IRISH CREAM

ZUTATEN FÜR CA. 0,8 L

⧖ 25 Min.

300 g Hafersahne
100 g Sojasahne
125 g Roh-Rohrzucker
150 ml starker Kaffee oder Espresso
150 ml veganer Irish Whiskey (z.B. Jameson)

1. Hafer- und Sojasahne in einem großen Topf langsam zum Kochen bringen. Zucker einrühren und unter ständigem Rühren ca. 15 Minuten einkochen lassen.
2. Kaffee einrühren und alles auf unter 70 °C abkühlen lassen.
3. Whiskey einrühren, in eine Flasche umfüllen und kühl stellen.

Tipp: Die Zucker-, Kaffee- und Alkoholmenge kann je nach Geschmack variiert werden. Wenn man Hafersahne durch Kokosmilch ersetzt oder zusätzlich zum Kaffee noch Sirup (z.B. Haselnuss) dazugibt, ergibt das ganze eine Spezialedition. Der Geschmack des Endprodukts wird stark von der Wahl des Kaffees beeinflusst.

WHITE RUSSIAN

ZUTATEN FÜR 1 GLAS

⧖ 10 Min.

3 cl Wodka
2 cl Kahlúa (Kaffeelikör)
Eiswürfel
2 TL aufschlagbare Sojasahne (z.B. von Soyatoo)

1. Wodka und Kahlúa in einem Shaker mit einigen Eiswürfeln mixen und in ein breites, tiefes Glas abseihen.
2. Sojasahne leicht aufschlagen und vorsichtig über die Wodka-Kahlúa-Mischung geben.

MATCHA-MANDEL-DRINK

ZUTATEN FÜR 2 GLÄSER

⏳ 2 Min.

400 ml Mandelmilch
1 Prise jodiertes Meersalz
2 EL Agavendicksaft
2 Messerspitzen Vanillepulver
2 TL Matcha
Eiswürfel

1. Alle Zutaten mit einigen Eiswürfeln in einen Mixer geben und gut durchmixen.
2. Weitere Eiswürfel in die Gläser geben und den Drink auf beide Gläser verteilen.

Das Bild zum Rezept finden Sie auf Seite 111 rechts.

MANGO-LASSI

ZUTATEN FÜR 4 GLÄSER

⏳ 5 Min.

1 reife Mango
250 g Sojajoghurt
(z.B. von Soyade)
1-2 EL Agavendicksaft
optional ¼ TL gemahlener
Kardamom
optional Eiswürfel

1. Mango schälen, das Fruchtfleich vom Kern schneiden und grob würfeln.
2. Zusammen mit 200 Milliliter Wasser und den anderen Zutaten in einem Mixer kurz pürieren.

Das Bild zum Rezept finden Sie auf Seite 111 in der Mitte.

GEEISTER FRAPPUCCINO

ZUTATEN FÜR 2 GLÄSER

⏳ 10 Min.

⅛ l Vanille Soja- oder Mandeldrink
(am besten gekühlt)
⅛ l Espresso oder starker Kaffee,
abgekühlt im Kühlschrank
½ TL Zimtpulver
6 Eiswürfel
optional Agavendicksaft
optional 200 g aufschlagbare
Sojasahne (z.B. von Soyatoo)

1. Alle Zutaten außer den Eiswürfeln in einen Mixer geben, durchmixen.
2. Eiswürfel auf die Gläser verteilen und Frappuccino darübergeben.
3. Nach Geschmack mit Agavendicksaft süßen und Sojasahne aufschlagen, um den Frappuccino damit zu krönen.

Das Bild zum Rezept finden Sie auf Seite 111 links.

Nicht jede Sojasahne ist aufschlagbar. Achten Sie beim Kauf auf entprechende Verpackungsangaben.

6. VEGAN UNTERWEGS

Zu Hause mag das vegane Leben irgendwann tatsächlich einfach von der Hand gehen. Wie sieht es aber aus, wenn man unterwegs ist? Besonders wenn keine vegane Gastronomie um die Ecke vom Büro ist oder der Besuch von Freunden in deren Lieblingsrestaurant ansteht? Mit ein wenig Vorbereitung klappt auch das!

VEGAN UNTERWEGS

In den eigenen vier Wänden bestimmen Sie selbst, was auf den Teller kommt. Etwas schwieriger wird es aber natürlich unterwegs, im Büro oder im Urlaub – dort ist es nicht immer so einfach, sich komplett vegan zu ernähren. Wenn man aber ein paar Tricks kennt oder sich gleich etwas zu Hause vorbereitet und einpackt, muss man auch unterwegs nicht verhungern.

VORBEREITUNG IST ALLES!

Von der klassischen Stulle mit veganem Aufstrich über Salate (bei Blattsalaten das Dressing separat mitnehmen, damit der Salat knackig bleibt) bis hin zu Suppen oder anderen Gerichten, die man sich im Büro warm machen kann – es gibt eine ganze Reihe von Gerichten, die man wunderbar zum Mitnehmen für unterwegs oder für die Mittagspause auf der Arbeit vorbereiten kann. Wenn Sie mal keine Zeit haben, etwas vorzubereiten, packen Sie sich doch einfach eine leckere Nussmischung, eine Tüte Datteln, ein paar Bananen oder Müsliriegel ein

– das alles schmeckt und sättigt. Auch Bioläden oder Supermärkte bieten viele rein pflanzliche Produkte »to go« an, natürlich auch Süßigkeiten wie (Zartbitter-)Schokolade oder Kekse ohne Ei und Butter. Da auch vegane Süßigkeiten nicht zwangsläufig gesund und zudem auch häufig kalorienreich sind, sollte man natürlich dauerhaft besser zu frischem Obst greifen.

Falls Sie nicht die Möglichkeit haben, sich Ihr mitgebrachtes Essen im Büro zu erhitzen, so gibt es praktische Thermoflaschen oder -boxen, die Ihr Essen bis zum Mittag warm halten. Wer nichts Warmes braucht, kann sich Sandwiches, Wraps, Sommerrollen, Sushi, Müsli oder Salate zu Hause vorbereiten und einpacken. Praktisch ist auch, wenn man für alle Fälle einen Brotaufstrich und Pflanzenmilch im Bürokühlschrank deponieren kann. Wer auf Smoothies schwört, sollte mal über die Anschaffung eines kleinen Mixers für das Büro nachdenken, denn Obst bekommt man schließlich überall.

SNACKIDEEN FÜR UNTERWEGS ODER ZU HAUSE

» **Nussmischungen und Studentenfutter**
» **Müsli- oder Schokoriegel**
» **Trockenfrüchte**
» **Muffins oder Bananenbrot**
» **Obst- und Gemüseschnitze**
» **Vegane Minisalamis**
» **Rabbit Balls (Rezept S. 175)**
» **Sandwiches (Rezept S. 116)**
» **Brotaufstrich und Brötchen unterwegs kaufen**
» **Grünkohlchips (Rezept S. 119)**
» **Geröstete Kichererbsen (Rezept S. 118)**

RESTAURANTBESUCHE

Falls Sie in einer Großstadt leben, dürfte die Chance sehr groß sein, dass es bei Ihnen vegetarische oder gar rein vegane Restaurants gibt. Bei der Orientierung helfen Internetseiten oder Smartphone-Apps wie »Happy Cow« oder die vom Vegetarierbund (siehe Anhang). Auch Biorestaurants bieten meiner Erfahrung nach häufig vegane Gerichte an oder sind gerne bereit, etwas Veganes zuzubereiten. Kann man aber als Veganer weiterhin in nicht-veganen Restaurants essen gehen? Auf jeden Fall, Sie müssen einfach auf ein paar Dinge achten und nachfragen, wenn Sie unsicher sind.

Asiatische Restaurants bieten z.B. sehr viele vegetarische Gerichte, die oft sogar sowieso vegan sind – häufig mit Tofu statt Fleisch, meist mit Kokosmilch statt Kuhmilch. Sie sollten hier nachfragen, ob Fischsauce enthalten ist oder ob die Kokosmilch auch nicht mit Kuhmilch gestreckt wurde. In indischen Gerichten wird bisweilen Ghee verwendet, eine geklärte Butter. Im japanischen Restaurant bekommen Sie in der Regel veganes Sushi und Onigiri (gewürzte Reisbällchen). Auch beim Italiener darf man sich weiter blicken lassen, denn Gemüsepizza kann auch ohne Käse – dafür mit ein paar mehr Gewürzen und Ölen – ganz wunderbar schmecken. Fragen Sie aber lieber nach, ob der Teig ohne Eier gemacht wurde. Bei den Nudelgerichten ist »Aglio e olio« klassischerweise vegan, sollte sicherheitshalber aber ohne Parmesankäse geordert werden. Falafel oder Hummus sind neben einigen anderen Gerichten in arabischen Restaurants ebenfalls vegan; Falafel sollte allerdings ohne Joghurtsauce bestellt werden. So bieten fast alle internationalen landestypischen Küchen vegane Gerichte, mit ein wenig Recherche – gerade vor Auslandsreisen – dürfte man immer fündig werden. Im Ausland hilft es, den »Vegan Passport« (erhältlich u.a. beim Vegetarierbund) dabei zu haben, der in 73 Sprachen erklärt, was man als Veganer isst und was nicht.

Letztlich sollten Sie einfach direkt fragen, ob Fleisch oder Milchprodukte im Gericht enthalten sind. Wenn Sie das Gefühl haben, das Restaurantpersonal kann mit dem Begriff »vegan« nichts anfangen, geben Sie doch einfach vor, eine Laktoseintoleranz zu haben und keine Eier zu mögen. Sie müssen auf jeden Fall auch zukünftig nicht auf den Besuch im Restaurant verzichten, denn mit freundlicher Nachfrage findet man in der Regel immer etwas, und zur Not schlagen Sie ein einfaches veganes Gericht vor,

das Ihnen in der Küche ohne spezielle Zutaten zubereitet werden kann.

SCHNELL MAL ZUM BÄCKER?

Wenn es mal ganz schnell gehen und günstig sein soll, holen sich viele Menschen bei der nächsten Bäckerei Deftiges oder Süßes. Doch aufgepasst: Bei einem Besuch in einem konventionellen Café oder einer Bäckerei sollte man stets nach den Inhaltsstoffen fragen, denn tatsächlich ist das meiste Backwerk nicht vegan. Bäckereien sind aber gesetzlich dazu verpflichtet, eine Liste mit der vollständigen Aufzählung aller Inhaltsstoffe der angebotenen Produkte auf Nachfrage herauszugeben. Häufig benutzte tierische Inhaltsstoffe können hier Butter, Milch, Eier, Gelatine, Schmalz oder Honig sein.

SEMINARE, TAGUNGEN UND GESCHÄFTSESSEN

Sollten Sie einmal beruflich länger unterwegs sein, beispielsweise ein Seminar besuchen, so lohnt es sich, möglichst einige Tage vorher im Hotel und/oder Tagungsort anzurufen und darauf hinzuweisen, dass man Wert auf eine vegane Ernährung legt. In der Regel dürften Sie tatsächlich auf eine entsprechende Bereitschaft stoßen, Ihnen etwas »Spezielles« zuzubereiten, denn auf Menschen mit Unverträglichkeiten wird üblicherweise genauso Rücksicht genommen.

Auf den folgenden Seiten finden Sie einige Rezepte, die sich gut als Snack für zwischendurch oder als vollwertige Mahlzeit zum Mitnehmen ins Büro eignen. Wer zukünftig abends auf (oftmals nicht-vegane) Chips oder andere ungesunde Knabbereien verzichten möchte, der wird ebenfalls ein paar tolle Anregungen finden wie z.B. geröstete Kichererbsen (Rezept S. 118) oder Grünkohlchips (Rezept S. 119).

RÄUCHERTOFU-AVOCADO-SANDWICH

ZUTATEN FÜR 1 SANDWICH

⏳ **10 Min.**

2 Scheiben Brot oder
1 Brötchen nach Wahl
½ Avocado
Saft von ½ Zitrone
Salz
schwarzer Pfeffer aus der Mühle
1 kleine Tomate
ca. 50 g Räuchertofu
optional Öl zum Anbraten
Sprossen

1. Das Brot bereitlegen, bei Bedarf halbieren und nach Belieben leicht antoasten.
2. Das Fruchtfleisch der Avocado aus der Schale kratzen. Mithilfe einer Gabel zu einem Brei zerquetschen, mit Zitronensaft vermischen und mit Salz und Pfeffer würzen.
3. Tomate waschen und in Scheiben schneiden. Den Räuchertofu ebenfalls in dünne Scheiben schneiden und optional kurz in etwas Öl anbraten.
4. Die Brothälften mit dem Avocadoaufstrich bestreichen. Auf eine Hälfte Räuchertofu, Tomaten und die Sprossen legen und zuklappen.

Das Bild zum Rezept finden Sie auf Seite 117 vorne.

HUMMUS-SANDWICH

ZUTATEN FÜR 1 SANDWICH

⏳ **10 Min.**

2 Scheiben Brot oder
1 Brötchen nach Wahl
100 g Hummus (Rezept S. 123)
½ Zucchini
1 EL Olivenöl
Sprossen

1. Das Brot bereitlegen, bei Bedarf halbieren und nach Belieben leicht antoasten.
2. Hummus nach Rezept von Seite 123 zubereiten. Zucchini waschen, in Scheiben schneiden und von beiden Seiten kurz in etwas Olivenöl anbraten.
3. Brothälfte mit Hummus bestreichen, Zucchini und Sprossen darauf verteilen. Mit der anderen Brothälfte zuklappen.

Das Bild zum Rezept finden Sie auf Seite 117 in der Mitte.

ERDNUSS-ANANAS-SANDWICH

ZUTATEN FÜR 1 SANDWICH

⏳ **10 Min.**

2 Scheiben Brot oder
1 Brötchen nach Wahl
1-2 Scheiben Ananas
(frisch oder aus der Dose)
1 EL neutrales Öl
2 EL Erdnussbutter

1. Das Brot bereitlegen, bei Bedarf halbieren und nach Belieben leicht antoasten.
2. Ananasscheibe(n) im heißen Öl von beiden Seiten für jeweils 1 bis 2 Minuten anbraten.
3. Brothälften mit Erdnussbutter bestreichen, Ananasscheibe(n) darauf verteilen.

Das Bild zum Rezept finden Sie auf Seite 117 hinten.

GERÖSTETE KICHERERBSEN

ZUTATEN FÜR 1 PORTION

⏱ **5 Min. + 25 Min. Backzeit**

1 Dose Kichererbsen (vorgekocht, Abtropfgewicht 240 g)
2 EL Olivenöl
Meersalz
½-1 TL Chiliflocken
½ TL gemahlener Kreuzkümmel

1. Backofen auf 200 °C (Umluft 180 °C, Gas Stufe 3-4) vorheizen. Ein Blech mit Backpapier bereitstellen.

2. Kichererbsen aus der Dose in ein Sieb geben und mit klarem Wasser abspülen. Anschließend auf einem Handtuch vorsichtig trockentupfen. Öl, ½ Teelöffel Meersalz, Chiliflocken und Kreuzkümmel in einer Schüssel vermengen und die Kichererbsen darin wälzen.

3. Auf dem Backblech verteilen und in den Ofen geben. 25 bis 30 Minuten rösten.

4. Aus dem Backofen nehmen und auf Küchenkrepp etwas abtropfen lassen. Nochmals mit Meersalz bestreuen und noch warm als Snack servieren.

Tipp: Man kann die Kichererbsen wahlweise auch exotisch-scharf mit Cayennepfeffer, Garam Masala und Knoblauchpulver oder mediterran mit Rosmarin, Thymian und Oregano würzen.

GRÜNKOHLCHIPS

ZUTATEN FÜR 4 PERSONEN

⏱ 15 Min. + 30 Min. Backzeit

250 g Grünkohl
2 EL Olivenöl
1 Prise Meersalz
nach Geschmack Pfeffer aus der
Mühle, Chiliflocken, Hefeflocken

1. Ofen auf kleiner Hitze (max. 100 °C) vorheizen, denn die Grünkohlblätter sollen nur getrocknet werden.

2. Grünkohl waschen, die Stiele herausschneiden und die Blätter in mundgerechte Stücke zupfen.

3. In einer Schüssel Grünkohl mit Olivenöl, Salz und nach Wunsch mit Pfeffer, Chiliflocken oder Hefeflocken vermengen. Auf einem Backblech mit Backpapier großzügig verteilen, sodass die Blätter nicht übereinander liegen.

4. Damit Feuchtigkeit entweichen kann, einen Holzkochlöffel o.Ä. zwischen Backofentür und Backofen klemmen. Für etwa 15 bis 30 Minuten lang im Ofen lassen, bis die Blätter trocken und knusprig sind. Eventuell noch einmal wenden und weitere 5 bis 10 Minuten trocknen lassen.

Grünkohlchips können immer wieder variiert werden. Wer es schärfer mag, fügt Chiliflocken oder Paprikapulver dazu, für eine asiatische Variante 1 Esslöffel Erdnussmus unterrühren. Werden Sie einfach selbst kreativ und geben dem Food-Hype aus den USA eine Chance, denn sie schmecken toll und sind eine gesunde Alternative zu Kartoffelchips!

PILZ-BLÄTTERTEIGSCHNECKEN

FÜR CA. 10 SCHNECKEN

⏲ 15 Min. + 30 Min. Backzeit

2 EL neutrales Öl
200 g Champignons
1 große rote Zwiebel
1 kleine Knoblauchzehe
150 g Naturtofu
25 g Kräutermischung (z.B. italienische Kräutermischung) oder frische gehackte Kräuter (Rosmarin, Petersilie, Thymian)
Salz
Pfeffer
1 Packung veganer Fertigblätterteig (450 g)

1. Den Ofen auf 180 °C (Umluft 160 °C, Gas Stufe 2-3) vorheizen. Eine Pfanne mit Öl erhitzen. Champignons putzen. Zwiebel abziehen und fein würfeln. Eine Hälfte der Champignons ebenfalls würfeln und beides in die Pfanne geben. Sobald Zwiebel und Champignons angebräunt sind, Knoblauch abziehen, in die Pfanne pressen und kurz mit anbraten.

2. Die andere Hälfte der Champignons zusammen mit Tofu in einem Mixer oder mit einem Pürierstab zu einer Creme verarbeiten. Darin die Kräutermischung einrühren, mit Salz und Pfeffer abschmecken.

3. Die Blätterteigplatte(n) mit der Creme bestreichen, die angebratenen Champignons und Zwiebel darauf verteilen.

4. Die Platte(n) aufrollen und in 3 bis 5 Zentimeter dicke Scheiben schneiden. Scheiben auf ein Backblech mit Backpapier legen und für 20 bis 30 Minuten backen.

QUINOA-SALAT

ZUTATEN FÜR 2 PERSONEN

⏲ 30 Min. + 1 Std. Ziehzeit

Für den Salat
250 g Quinoa
5 getrocknete Tomaten
4-5 Pilze, z.B. Champignons
2 EL neutrales Öl
1 Möhre
1 Avocado
3 EL Sonnenblumenkerne
optional Agavendicksaft
frische Petersilie, klein gehackt

Für das Dressing
Saft von ½ Zitrone
4 EL Olivenöl
Salz, Pfeffer
1 TL Weißweinessig
1 TL Agavendicksaft
1 kleine fein gehackte Knoblauchzehe

1. Quinoa heiß abspülen, damit die Bitterstoffe entweichen können. Mit der doppelten Menge Wasser 15 bis 20 Minuten aufkochen und auf niedriger Flamme köcheln lassen.

2. Getrocknete Tomaten mit heißem Wasser übergießen und ein paar Minuten einweichen lassen. Die Pilze putzen, in Scheiben schneiden und in einer heißen Pfanne mit Öl anbraten.

3. Möhre waschen oder nach Wunsch schälen, Avocado halbieren, den Kern entfernen und das Fruchtfleisch aus der Schale lösen. Möhre, Avocado und getrocknete Tomaten klein würfeln.

4. Sonnenblumenkerne in einer kleinen Pfanne ohne Öl kurz anrösten, eventuell mit 1 Esslöffel Agavendicksaft karamellisieren.

5. Alle vorbereiteten Zutaten in einer Schüssel durchmischen.

6. Dressingzutaten ebenfalls zusammenmischen, über den Salat geben, durchrühren und 1 Stunde ziehen lassen. Mit gehackter Petersilie garniert servieren.

Variieren Sie diesen Salat einfach mit anderen Zutaten wie Zucchini, Kürbis oder Granatapfelkernen.

ROTE-BETE-SALMOREJO

ZUTATEN FÜR 4 PERSONEN

⏳ **15 Min. + 6 Std. Ruhezeit**

200 g Weißbrot (vom Vortag oder älter)
600 g Rote Bete (vorgekocht)
3 EL Olivenöl
2 EL dunkler Aceto balsamico
1 TL Salz
1 Prise Chili
250 g Räuchertofu
Öl zum Anbraten
Sprossen zum Garnieren

1. Weißbrot grob würfeln und mit Wasser bedeckt einige Stunden einweichen lassen, bis ein sämiger Brei entsteht. Anschließend überschüssiges Wasser abgießen.

2. Rote Bete grob würfeln und zusammen mit dem Brotbrei und dem Olivenöl in einem Mixer oder mit einem Stabmixer pürieren. Mit Balsamico, Salz und dem Chili abschmecken und für mindestens 2 Stunden kalt stellen.

3. Die Salmorejo auf Schalen verteilen. Räuchertofu würfeln, in Öl scharf anbraten und ebenfalls auf die Schalen verteilen. Mit Sprossen garnieren.

HUMMUS

ZUTATEN FÜR 4 PERSONEN ALS BEILAGE
⏱ 10 Min.

2 Gläser oder Dosen Kichererbsen (vorgekocht, Abtropfgewicht 240 g)

2 Knoblauchzehen

6 EL Tahin (Sesampaste, z.B. aus dem Bioladen)

4 EL Olivenöl

Saft von 1 Zitrone

1 Messerspitze gemahlener Kreuzkümmel

Pfeffer aus der Mühle

Salz

½ TL Paprikapulver (edelsüß)

Olivenöl zum Auffüllen

¼ Bund frische Petersilie

¼ Bund frischer Koriander

1. Kichererbsen abgießen, abspülen und abtropfen lassen. Knoblauch abziehen und klein hacken.

2. Alle Zutaten außer den Gewürzen und den frischen Kräutern mit einem Stabmixer oder in einem leistungsstarken Mixer zu einer glatten Masse verrühren. Mit den Gewürzen abschmecken.

3. In einer Schüssel oder einem tiefen Teller anrichten. In der Mitte eine Mulde formen und diese mit Olivenöl auffüllen. Mit frisch gehackter Petersilie und Koriander garnieren.

> Zu Hummus passen Fladenbrot oder Rohkoststifte aus Möhren, Kohlrabi, Schlangengurken etc.

BABA GANOUSH

ZUTATEN FÜR 2 PERSONEN

⏱ 10 Min. + 25 Min. Backzeit

1 große Aubergine
Öl zum Einreiben
2 EL Olivenöl
2 EL Zitronensaft
½ TL Meersalz

1. Ofen auf 200 °C (Umluft 180 °C, Gas Stufe 3-4) vorheizen.

2. Die Aubergine einige Male mit einer Gabel einstechen und leicht mit Öl einreiben. 25 Minuten im Ofen anrösten, anschließend abkühlen lassen.

3. Auberginenschale entfernen und die Aubergine würfeln.

4. In einer Küchenmaschine oder einem Mixer die Auberginenstücke mit Olivenöl, Zitronensaft, 3 Esslöffel Wasser und Salz mixen, eventuell etwas Wasser dazugeben, falls die Masse zu fest ist.

> Baba Ganoush wird in der arabischen Küche sehr häufig als Beilage zu Falafel serviert.

CAPRESE UND MANGO-MOZZARELLA

ZUTATEN FÜR 2 PERSONEN

⏱ 10 Min.

Für das Caprese

200 g fester Naturtofu
oder veganer Mozzarella
2 große Tomaten
Salz
Pfeffer
1-2 EL Aceto balsamico
2 EL Olivenöl
frisches Basilikum

Für den Mango-Mozzarella

1 Mango
2 Rollen veganer Mozzarella
Abrieb von 1 Biozitrone
Zitronenpfeffer
Crema di balsamico

ZUBEREITUNG CAPRESE

1. Tofu bzw. Mozzarella und Tomaten in Scheiben schneiden.

2. Tofu- und Tomatenscheiben abwechselnd auf einer Platte oder einem Teller anrichten.

3. Mit Salz und Pfeffer würzen, Essig und Öl darüber verteilen. Basilikumblätter zupfen und ebenfalls über das Caprese verteilen.

ZUBEREITUNG MANGO-MOZZARELLA

1. Mango schälen. Mozzarella und das Mangofruchtfleisch in gleich dicke Scheiben schneiden.

2. Mozzarella und Mango abwechselnd auf einer Platte oder einem Teller anrichten.

3. Mit abgeriebener Zitronenschale bestreuen, mit Zitronenpfeffer würzen und Crema di balsamico darüberträufeln.

7. BESONDERE GELEGENHEITEN

Zu den vermutlich größten Herausforderungen für Neu-Veganer zählen Familienfeiern. Wer den traditionellen Weihnachtsbraten nicht mehr mitessen möchte, sollte gut vorbereitet sein, damit es weder einen leeren Teller noch unnötige Diskussionen beim gemütlichen Abend gibt.

BESONDERE GELEGENHEITEN

Steigt man auf eine vegane Ernährungs- oder Lebensweise um, wird das im Umfeld ganz sicher nicht unbemerkt bleiben. Das Mittagessen mit den Kollegen, ein netter Abend mit Freunden oder die nächste Familienfeier stehen sicherlich bald an. Wer keine Ausnahme von der veganen Ernährung machen möchte, steht zwei großen Fragen gegenüber: Wie sorge ich dafür, dass ich vor Ort etwas Veganes zu essen bekomme? Und wie gehe ich mit den Kommentaren und Meinungen der anderen um? Keine Sorge: Diese Hürden können Sie leicht nehmen.

ESSEN GEHEN MIT FREUNDEN

Wer mit Freunden essen geht, kann einfach selbst ein Restaurant vorschlagen. Es muss ja nicht gleich ein komplett veganes Restaurant sein, Hauptsache, Sie werden fündig. Und wer weiß? Vielleicht will der eine oder andere ja auch mal bei Ihnen probieren und lässt sich vom Geschmack eines veganen Essen überzeugen. Sie gehen zu bestimmten Anlässen immer in den gleichen Laden? Dann sprechen Sie doch einfach mal mit dem Inhaber oder Koch, falls nichts ausdrücklich Veganes auf der Karte steht. Schließlich wissen Sie ja nun: Viele Gerichte sind ganz leicht zu veganisieren, machen Sie also gerne ein paar leicht umzusetzende Vorschläge.

KOCHABENDE, BRUNCHES UND FAMILIENFEIERN

Falls eine Familienfeier, ein Brunch oder ein Kochabend mit Freunden ansteht, so wird das vielleicht ein wenig komplizierter – ganz sicher aber nicht unmöglich. Bieten Sie doch einfach an, bei den Vorbereitungen zu helfen,

einzukaufen und mitzukochen. Es muss ja nicht ausufernd thematisiert werden, dass die Mahlzeit teilweise oder ganz vegan ist. Hat es allen gut geschmeckt, darf man das aber natürlich gerne nachschieben. Vermutlich werden Sie im Vorfeld auch nicht immer auf offene Ohren stoßen, wenn es zu Weihnachten traditionellerweise Gans oder den Braten gibt. Bringen Sie in diesem Falle doch einfach etwas für sich selbst mit und machen Sie den Familienmitgliedern ihr Essen im Gegenzug nicht durch Ekelkommentare madig. Toleranz ist sehr wichtig, und zwar in beide Richtungen. Noch schöner, wenn die Familie sich sogar darauf einlässt, das »Fest der Liebe« tatsächlich komplett vegan zu feiern. Natürlich können Sie dann vegane Fertigprodukte wie gefüllten Truthahn o.Ä. kaufen, die klassischen Fleischgerichten ähneln – noch besser aber wird allen sicherlich das Weihnachtsmenü auf den folgenden Seiten schmecken.

»Veganer wollen alle anderen missionieren!«

Womit wir auch bereits bei der zweiten oben gestellten Frage angekommen sind: Wie gehe ich mit den Reaktionen meiner Mitmenschen um? Vermutlich wird die Bandbreite von Verständnis und Neugier über Skepsis und Spott bis hin zu völliger Ablehnung und Unverständnis reichen. Denken Sie dann einfach mal kurz darüber nach, wie es bei Ihnen selbst war, vielleicht ja noch vor wenigen Monaten, und entscheiden Sie von Fall zu Fall, ob eine Diskussion sinnvoll erscheint.

Viele glauben leider, Veganer hielten sich für die besseren Menschen, die jeden von ihrer

Lebenseinstellung missionarisch überzeugen wollten. Ehrlich gesagt durchaus bisweilen nachvollziehbar, denn es gibt tatsächlich den einen oder anderen vegan lebenden Menschen, der keine Gelegenheit auslässt, Nicht-Veganern aufzuzeigen, wie negativ ihre Verhaltensweise für Tiere und Umwelt ist. Zum Glück ist das nur eine Ausnahme, die meisten vegan lebenden Menschen thematisieren ihre Ernährungs- oder Lebensweise deutlich seltener und positiver.

Bleiben Sie also lieber entspannt und beantworten Sie nur wirklich interessierte und freundliche Nachfragen. Die Grillparty bei Freunden ist vermutlich kaum der richtige Ort, um eine große Diskussion anzuzetteln, sobald es spöttische Kommentare zu Ihren Tofuwürstchen gibt. Das bedeutet keineswegs, dass man seine Ernährungsweise oder Lebenseinstellung vor anderen verbergen muss, es bedarf aber des richtigen Momentes und der richtigen Ansprache, um möglicherweise bestehende Vorurteile aus dem Weg zu räumen oder sein Gegenüber gar für das Thema Veganismus zu interessieren.

DURCH LECKERES VEGANES ESSEN ÜBERZEUGEN

Am besten lassen sich Menschen tatsächlich mit einem richtig guten veganen Essen überzeugen – und sind danach oft auch gleich viel offener für das Thema. Kochen Sie für Ihre Familie, bringen Sie veganen Kuchen zur Geburtstagsfeier mit ins Büro, lassen Sie Ihre Freunde von Ihrem Abendessen probieren. Sie werden damit kaum dafür sorgen, dass Ihre Mitmenschen ebenfalls sofort auf Fleisch und Fisch verzichten, aber Sie werden vielleicht das erste Vorurteil ausgeräumt haben – dass veganes Essen eben nicht schmecken könnte. Und bei dem einen oder anderen wird ganz sicher auch

EINE CANDLE-LIGHT-DINNER-BEGLEITUNG FEHLT NOCH?

Wer noch auf der Suche nach der perfekten veganen Begleitung für ein Candle-Light-Dinner ist, sollte sich mal auf Internetplattformen wie Veggie Community oder Partnerbörsen wie Gleichklang.de umschauen. Sogar Facebookgruppen für vegane Singles in größeren Städten existieren inzwischen, denn vielen vegan lebenden Menschen ist es wichtig, dass die Partnerin oder der Partner diese Lebenseinstellung teilt. In Großstädten wie Berlin gibt es inzwischen sogar romantische Blind-Date-Dinners, wo man gleich mehrere Suchende kennenlernen kann.

ein gewisses Interesse für eine vegane Ernährungsweise geweckt werden. Bleiben Sie also ganz entspannt, wenn Sie demnächst Sprüche wie »Du isst meinem Steak das Essen weg!« zu hören bekommen. Lächeln Sie einfach und freuen Sie sich im Stillen über Ihre eigene, ganz persönliche Entscheidung.

Auf den folgenden Seiten finden Sie viele Inspirationen für besondere Anlässe, egal ob Brunch mit Freunden zu Hause, ein indischer Abend, eine Grillparty, das Weihnachtsessen oder ein romantisches Candle-Light-Dinner. Sie werden in jeder Hinsicht gewappnet sein – und Ihre Gäste ganz sicher begeistert.

Übrigens: Gerade ein Brunch oder eine Grillparty ist bestens geeignet, selbst etwas mitzubringen, egal ob es die vegane Variante von Fleischklassikern wie Mettbrötchen oder Frikadellen ist oder einfach ein köstlicher Salat. Beim Grillabend müssen Sie sogar tatsächlich aufpassen, dass Ihnen niemand die Tofuwurst versehentlich »klaut«, denn von Geschmack und Aussehen her kommen sich eine Tofu- und eine Fleischwurst sehr nahe.

BRUNCHREZEPTE

Egal ob Sie einen Brunch bei sich zu Hause planen oder zu einem Brunch eingeladen sind – es gibt eine Menge toller veganer Brunchideen. Neben den hier vorgestellten eignen sich dafür auch besonders gut Chili sin Carne (S. 28), Knusperbuletten (S. 29), »Heringssalat« mit Haselnussbrot (S. 31), Mousse au Chocolat (S. 77), Rührtofu de Luxe (S. 66), Eiersalat (S. 65), Zwiebelkuchen (S. 70), Hummus (S. 123), Pilz-Blätterteigschnecken (S. 120), Quinoa-Salat (S. 121) und Caprese (S. 125). Der nächste Brunch kann also gerne kommen!

COUSCOUSSALAT MIT AVOCADO-ZITRONEN-DRESSING

ZUTATEN FÜR 8 PERSONEN
⏲ 20 Min.

300 g Couscous
1 EL Gemüsebrühe (Instant)
250 g Räuchertofu
2 EL neutrales Öl
2 Möhren
1 rote Paprikaschote
5 kleine Frühlingszwiebeln
1 Salatgurke
6 Cocktailtomaten
1 Knoblauchzehe
optional 100 g gemahlene Walnüsse

Für das Dressing
1 große Avocado
½ Bund frische Petersilie
½ Bund frischer Koriander
Saft von ½ Zitrone
½ TL Biozitronenschalenabrieb
4 EL Aceto balsamico
4 EL Olivenöl
Salz
Pfeffer

1. Couscous in einer Schüssel mit der Gemüsebrühe mischen und mit der doppelten Menge kochendem Wasser übergießen, durchrühren, zudecken und 10 Minuten ziehen lassen. Anschließend erneut durchrühren.

2. Räuchertofu in Würfel schneiden und in Öl kross anbraten.

3. Möhren, Paprika, Frühlingszwiebeln, Salatgurke und Tomaten waschen bzw. schälen und in kleine Würfel schneiden. Knoblauch abziehen und klein hacken. Alles unter den Couscous mischen, auch den Räuchertofu. Nach Geschmack Walnüsse dazugeben.

4. Für das Dressing die Avocado halbieren, entkernen, mit einem Löffel das Fruchtfleisch entnehmen und klein hacken. Petersilie und Koriander waschen und ebenfalls klein hacken. In einer Schüssel Avocado, Zitronensaft, abgeriebene Zitronenschale, Essig, Olivenöl, Salz, Pfeffer, Petersilie und Koriander verrühren.

5. Dressing unter den Couscoussalat heben.

Eignet sich hervorragend zum Mitnehmen und kann zudem immer wieder variiert werden, z.B. mit getrockneten Tomaten, veganem Fetakäse oder Pilzen.

WIRSING MIT TOMATEN

ZUTATEN FÜR 4 PERSONEN

⏳ **30 Min.**

40 g vegane Margarine
2 Zwiebeln
1 Wirsing
200 ml Gemüsebrühe
8 getrocknete Tomaten
300 g Tomaten
Salz
Pfeffer

1. Margarine in einem Topf erhitzen. Zwiebeln abziehen, fein würfeln und in der Margarine glasig andünsten.

2. Den Wirsing putzen, klein schneiden und in den Topf geben. Bei geschlossenem Deckel ca. 10 Minuten dünsten. Mit Gemüsebrühe ablöschen.

3. Getrocknete und frische Tomaten klein schneiden und unter den Wirsing heben. Deckel wieder auf den Topf geben und das Gemüse 20 bis 30 Minuten garen. Mit Salz und Pfeffer abschmecken.

> Am besten schmeckt es, wenn das Gericht einige Zeit durchziehen kann.

SÜSSKARTOFFELSALAT

ZUTATEN FÜR 2 PERSONEN

⏳ **45 Min.**

4 Süßkartoffeln
2 große rote Zwiebeln
1 kleines Glas Gewürzgurken
2 Stangen Lauch
2 Frühlingszwiebeln
1 Bund Schnittlauch
200 g Mayonnaise
3 EL Gurkensud
Pfeffer aus der Mühle
Meersalz oder Sojasauce
nach Geschmack

1. Süsskartoffeln für 30 bis 40 Minuten dämpfen, zwischendurch mit der Gabel einstechen, um zu überprüfen, ob sie gar sind. Anschließend gut auskühlen lassen, schälen und in Scheiben schneiden.

2. Zwiebeln abziehen und fein würfeln. Gurken in Scheiben schneiden und den Sud aus dem Glas zur Seite stellen.

3. Lauch, Frühlingszwiebeln und Schnittlauch waschen, bei Bedarf putzen und in Ringe bzw. Röllchen schneiden.

4. Mayonnaise in eine Schüssel geben und mit etwas Sud aus dem Gurkenglas cremig rühren. Gurken, Zwiebeln und Schnittlauch untermengen.

5. Alles über die Süßkartoffeln geben, mit Pfeffer und Meersalz oder Sojasauce abschmecken.

HEFESCHNECKEN MIT GRÜNKOHL

**ZUTATEN FÜR
CA. 20 STÜCK**

⧖ 45 Min. + 1¼ Std. Gehzeit

1 Würfel frische Hefe
1 EL Roh-Rohrzucker
500 g Dinkelvollkornmehl
½ TL Meersalz
Mehl für die Arbeitsfläche
15 Grünkohlblätter
4 EL Hefeflocken
etwas Öl für das Blech
vegane Margarine

1. Hefe und Zucker in 320 Milliliter lauwarmem Wasser auflösen und 10 Minuten quellen lassen.

2. Mehl mit dem Salz und der aufgelösten Hefe verrühren, den Teig gut durchkneten und zugedeckt an einem warmen Ort 1 Stunde gehen lassen.

3. Den Teig nochmals gut kneten und auf einer bemehlten Fläche rechteckig ausrollen.

4. Den Strunk vom Grünkohl entfernen und die Blätter waschen. Die Blätter nun auf dem Teig verteilen und mit Hefeflocken bestreuen. Von einer Teigecke her aufrollen und anschließend in ca. 1,5 Zentimeter dicke Scheiben schneiden.

5. Die Schnecken auf ein geöltes Backblech legen und weitere 15 Minuten ruhen lassen.

6. Bei 170 °C (Umluft 150 °C , Gas Stufe 2) 20 Minuten backen.

7. Die Hefeschnecken noch warm mit Margarine bestreichen und servieren.

NUDELSALAT

ZUTATEN FÜR 8 PERSONEN

⧖ 20 Min.

1 kg Nudeln, z.B. Farfalle
Salz
50 g Pinienkerne
250 g Kirschtomaten
1 Bund Rucola
1 Glas getrocknete Tomaten
2 Gläser Pesto rosso (vegan)
Pfeffer

1. Nudeln nach Packungsanleitung in Salzwasser kochen und abgießen. Pinienkerne in einer Pfanne ohne Öl kurz anrösten. Kirschtomaten vierteln, Rucola waschen und von groben Stielen befreien, getrocknete Tomaten in Streifen schneiden.

2. In einer großen Schüssel Nudeln mit Pesto, getrockneten Tomaten und Kirschtomaten vermengen. Rucola unterheben, mit Salz und Pfeffer abschmecken. Pinienkerne über den Nudelsalat geben.

Das Bild zum Nudelsalat finden Sie auf Seite 137 hinten.

Ein Nudelsalat eignet sich außerdem hervorragend für den Hunger unterwegs!

APFEL-STREUSELKUCHEN

ZUTATEN FÜR 12 STÜCKE

⏳ 20 Min. + 45 Min. Backzeit

Für den Teig

250 g vegane Margarine
200 g Rohrzucker
1 Prise Meersalz
1 Päckchen Backpulver
500 g Vollkornmehl
1 Päckchen Vanillezucker
Öl oder Margarine zum Einfetten des Backblechs

Für den Belag

1 kg säuerliche Äpfel
1-2 Gläser Apfelmus (je 250 g)

Für die Streusel

250 g Vollkornmehl
120 g Rohrzucker
120 g vegane Margarine
1-2 TL Zimtpulver
1 Päckchen Vanillezucker

1. Für den Teig Margarine mit Zucker und Salz schaumig schlagen. Backpulver unter das Mehl mischen und mit Vanillezucker unter die Margarine-Zucker-Mischung kneten. Am Schluss 4 Esslöffel Wasser dazugeben und mit den Händen zügig zu einem homogenen Teig verkneten.
2. Den Teig zu einer Rolle formen und in den Kühlschrank legen.
3. Die Äpfel schälen, entkernen und in ca. ½ Zentimeter dicke Scheiben schneiden.
4. Für die Streusel alle Zutaten miteinander verkneten und mit den Fingern Krümel erzeugen.
5. Ein Backblech einfetten. Den Teig auf einer bemehlten Fläche auf Größe des Backblechs ausrollen. Auf das Backblech legen, die Apfelscheiben darauf verteilen, das Apfelmus gleichmäßig darüberstreichen und am Schluss die Streusel darüberkrümeln. Bei 180 °C (Umluft 160 °C, Gas Stufe 2-3) ca. 45 Minuten backen.

Tipp: Falls kein Apfelmus im Haus ist, klappt das Rezept auch ohne gut!

Mürbeteig ist Grundlage für viele Backrezepte, von Keksen bis Kuchen. Tatsächlich gelingt er auch vegan problemlos. Ein einfacher Basic-Teig besteht aus 300 Gramm Vollkornmehl, 200 Gramm Margarine und 100 Gramm Rohrzucker.

GRILLREZEPTE

Auch wenn Sie sich vegan ernähren, müssen Sie keine Grillfeste meiden, denn das Angebot an rein pflanzlichen Würstchen, Steaks, Grillschnecken und selbst Hähnchenschlegeln ist immens. Auf den folgenden Seiten finden Sie einige Ideen abseits solcher Fertigprodukte, denn Selbstgemachtes schmeckt doch immer noch am besten!

TOFU-GEMÜSE-SPIESSE

ZUTATEN FÜR 6 SPIESSE

⏱ 25 Min. + 1 Std. Marinierzeit

Für die Spieße

500 g Räuchertofu
1 große Paprikaschote
ca. 12 Champignons
2-3 rote Zwiebeln
3 Zucchini

Für die Marinade

2 Knoblauchzehen
⅛ l Olivenöl
3 EL Sojasauce
1 EL Kräuter (z.B. italienische Kräuter oder eine Grillmischung)

1. Für die Spieße Tofu in mundgerechte Stücke schneiden. Gemüse waschen und so in Stücke oder Scheiben schneiden, dass die Stücke gut auf die Spieße gesteckt werden können. Champignons können je nach Größe auch ganz gelassen werden, die Zwiebeln abziehen und vierteln.

2. Für die Marinade Knoblauch abziehen und fein hacken. Olivenöl, Sojasauce, Knoblauch und Kräuter in einer Schüssel durchmischen.

3. Im Wechsel Tofu, Zucchini, Zwiebeln, Champignons und Paprikastücke auf Holz- oder Metallspießen aufreihen. Die Spieße in eine Schale legen, mit der Marinade übergießen und für mindestens 1 Stunde durchziehen lassen.

4. Die Spieße für 10 Minuten von allen Seiten braten oder grillen. Die Spieße zuvor gerne noch einmal mit Marinade bepinseln, damit sie beim Grillen nicht austrocknen.

Falls Sie zu einer nicht-veganen Grillparty eingeladen sind und Ihr Grillgut nicht auf dasselbe Rost legen wollen wie das Fleisch, nehmen Sie sich am besten eine Aluschale mit!

KRÄUTERBUTTERBAGUETTE

ZUTATEN FÜR 1 BAGUETTE

⏱ 15 Min.

2 EL vegane Margarine (z.B. Alsan)
1 (veganes) Baguette
2 Knoblauchzehen
1 Bund Kräuter
(Petersilie, Basilikum)
oder Tiefkühlkräutermischung
½ TL Salz

1. Margarine aus dem Kühlschrank nehmen, damit sie Raumtemperatur erreicht. Backofen auf 200 °C (Umluft 180 °C, Gas Stufe 3-4) vorheizen.

2. Das Baguette der Länge nach aufschneiden und in der Mitte teilen. Knoblauch abziehen und fein würfeln. Bei Verwendung von frischen Kräutern diese waschen und grob hacken.

3. Margarine mit Knoblauch, Kräutern und Salz gut durchmischen und die Baguettes mit der Mischung bestreichen.

4. Im Backofen für 10 Minuten knusprig backen.

Falls Sie keine frischen Kräuter im Haus haben, nutzen Sie einfach Trockengewürze wie Kräutersalz, Knoblauchpulver und Paprikapulver edelsüß!

MARINIERTE SEITANSTEAKS

ZUTATEN FÜR 4 PERSONEN

⏱ 10 Min. + 8 Std. Einweichzeit

4 Seitansteaks
Für die Marinade
2 EL Olivenöl
1 EL Chiliöl
½ TL Cayennepfeffer
½ TL Paprikapulver (rosenscharf)
schwarzer Pfeffer
½ TL Salz
1 TL Grillgewürz
frischer Thymian
frischer Rosmarin

1. Seitansteaks nach Rezept von Seite 26 selbst machen oder fertigen Seitan kaufen und in fingerdicke Scheiben schneiden.

2. Alle Zutaten für die Marinade zusammenmischen. Thymian und Rosmarin ganz nach Geschmack waschen, klein hacken und dazugeben.

3. Die Marinade gemeinsam mit den Seitansteaks in einen Gefrierbeutel geben, verschließen und über Nacht durchziehen lassen.

4. Vor und beim Grillen die Steaks noch einmal mit der Marinade einpinseln.

ANTIPASTISALAT

ZUTATEN FÜR 4 PERSONEN ALS BEILAGENSALAT

⏳ 30 Min. + 3 Std. Einweichzeit

Für die Antipasti
2 Knoblauchzehen
4 rote Zwiebeln
1 Aubergine
4 kleine Zucchini
3 Paprikaschoten
250 g Champignons
3 EL Olivenöl
Salz, Pfeffer
optional ½ Bund Thymian
und ½ Bund Rosmarin

Für die Marinade
Saft von 2 Zitronen
3 EL Aceto balsamico
3 EL Weißweinessig
150 ml Olivenöl
2 Lorbeerblätter

1. Backofen auf 200 °C (Umluft 180 °C, Gas Stufe 3-4) vorheizen.

2. Knoblauch und Zwiebeln abziehen und grob würfeln. Aubergine, Zucchini und Paprika waschen, putzen und ebenfalls würfeln. Champignons putzen und halbieren oder vierteln.

3. Alles auf ein gut geöltes Backblech geben, salzen und pfeffern. Thymian und Rosmarin darüber verteilen und zum Schluss Olivenöl darüberträufeln. Für 20 Minuten in den Backofen geben.

4. Alle Zutaten für die Marinade in einer großen Schüssel zusammenmischen.

5. Gemüse noch lauwarm in die Marinade geben und mindestens 3 Stunden ziehen lassen. Die Lorbeerblätter vor dem Servieren wieder entnehmen.

INDISCHER ABEND

In Indien isst man mittags klassischerweise ein Thali, eine Mahlzeit, die aus verschiedenen, regional unterschiedlichen Gerichten zusammengestellt wird. Serviert wird ein Thali zumeist auf einem Metalltablett, die einzelnen Bestandteile werden direkt auf das Tablett gegeben oder in kleinen Metallschälchen serviert. Dazu gibt es Reis und/oder Fladenbrot. Für einen indischen Abend kochen Sie alle drei Gerichte und servieren dazu Reis. Natürlich kann auch jedes Gericht einzeln gekocht werden, wenn einmal weniger ausgiebig geschlemmt wird.

INDISCHE ROTE-LINSEN-SUPPE (MASOOR DAL)

ZUTATEN FÜR 4 PERSONEN

⏲ 40 Min.

130 g rote Linsen
1 Tomate
2 EL Öl
1 Knoblauchzehe
1 rote Zwiebel
2 cm frische Ingwerwurzel
1 TL braune Senfsamen
1 TL gemahlene Koriandersamen
2 TL gemahlener Kreuzkümmel
1 kleine grüne
oder rote Chilischote
1 Lorbeerblatt
½ TL gemahlene Kurkuma
¼ TL Zimtpulver
¾ TL Salz
1 EL Zitronensaft
frische Korianderblätter und
Paprikapulver zum Garnieren

1. In einem großen Topf 1 Liter Wasser zum Kochen bringen. Linsen gut abspülen, Tomate grob würfeln. Linsen und Tomatenstücke in den Topf geben, Hitze reduzieren und Linsen für 20 Minuten zugedeckt köcheln lassen, bis sie gar sind.

2. Inzwischen Öl in einer Pfanne auf mittlerer Flamme erhitzen. Knoblauch und Zwiebel abziehen und fein würfeln, Ingwer schälen und ebenfalls fein würfeln. Senfsamen in die Pfanne geben und nach deren Aufplatzen (nach 20 Sekunden) Knoblauch, Zwiebel, Ingwer, Koriander, Kreuzkümmel und eine klein gehackte Chilischote nach Geschmack dazugeben. 3 bis 5 Minuten unter ständigem Rühren anbraten.

3. Den Pfanneninhalt zusammen mit dem Lorbeerblatt, Kurkuma, Zimt und Salz zu den Linsen geben und unter gelegentlichem Rühren 10 Minuten köcheln lassen. Je nach gewünschter Konsistenz noch etwas Wasser hinzufügen. Das Lorbeerblatt wieder entnehmen und Zitronensaft unterrühren.

4. Mit Paprikapulver und Korianderblättern garnieren und servieren.

Das Bild zum Rezept finden Sie auf Seite 141 unten.

141

SPINAT-KARTOFFEL-CURRY (ALOO PALAK)

ZUTATEN FÜR 4 PERSONEN
⏱ 30 Min.

350 g Blattspinat (tiefgekühlt oder frisch)
4 große Kartoffeln (festkochend)
2 große Tomaten
1 Zwiebel
1 Knoblauchzehe
2 cm frische Ingwerwurzel
2 EL neutrales Öl
1 TL braune Senfsamen
1 TL gemahlene Koriandersamen
1 TL gemahlener Kreuzkümmel
1 TL Garam Masala
½ TL gemahlene Kurkuma
4 Curryblätter
1 EL Zitronensaft
200 ml Soja- oder Haferdrink
1 EL Tomatenmark
½ TL Zucker
1 TL Salz

1. Das Gemüse waschen. Frischen Spinat putzen. Falls TK-Spinat verwendet wird, diesen rechtzeitig auftauen lassen und gut ausdrücken. Kartoffeln waschen oder schälen und in große Stücke schneiden. Tomaten grob würfeln, Zwiebel abziehen und vierteln, Knoblauch und Ingwer ebenfalls abziehen bzw. schälen und fein würfeln.

2. In einem großen Topf Öl auf mittlerer Flamme erhitzen. Senfsamen hineingeben und, nachdem sie aufgeplatzt sind (ca. 20 Sekunden), Knoblauch, Zwiebel, Ingwer, Koriander, Kreuzkümmel, Garam Masala, Kurkuma und Curryblätter hinzufügen. Für 3 Minuten unter Rühren anbraten, bis Zwiebel und Knoblauch leicht bräunlich werden.

3. Kartoffelstücke mit in die Pfanne geben und weitere 5 Minuten anbraten. Tomatenstücke ebenfalls hineingeben und für 5 Minuten mit anbraten. Mit Zitronensaft ablöschen, alles gut durchmischen. Nun Spinat hinzufügen und alles weitere 5 Minuten köcheln lassen, bis der Spinat geschrumpft und gar ist.

4. Soja- oder Haferdrink und Tomatenmark in einer kleinen Schüssel mit einer Gabel gut durchmischen und anschließend mit in die Pfanne geben. Unter ständigem Rühren erneut zum Köcheln bringen. Zucker und Salz unterrühren.

5. Auf niedriger Flamme 10 bis 15 Minuten köcheln, bis die Kartoffeln bissfest sind und das Curry die gewünschte Konsistenz erreicht hat.

KICHERERBSENCURRY (CHANA MASALA)

ZUTATEN FÜR 4 PERSONEN

⏳ 1 Std.

2 kleine Zwiebeln
3 cm frische Ingwerwurzel
2 rote Chilischoten oder
1 TL rote Chiliflocken
2 EL Öl
1 Prise Asafoetida
2 TL gemahlene Koriandersamen
2 TL gemahlener Kreuzkümmel
2 TL Garam Masala
2 EL Tomatenmark
3 EL Zitronensaft
1 TL Mangopulver
1 TL gemahlene Kurkuma
800 g Kichererbsen (vorgekocht)
4 Tomaten
1 TL Zucker
1½ TL Salz

1. Zwiebeln abziehen und würfeln. Ingwer schälen und fein hacken. Chilischoten entkernen und fein hacken.

2. In einem großen Topf Öl auf mittlerer Flamme erhitzen. Zwiebeln, Ingwer, Chili, Asafoetida, Koriander, Kreuzkümmel und Garam Masala 2 bis 3 Minuten anbraten, bis die Zwiebeln gebräunt sind.

3. Tomatenmark, Zitronensaft, Mangopulver und Kurkuma unterrühren und 1 bis 2 Minuten mit anbraten.

4. Kichererbsen in ein Sieb geben, abspülen und abtropfen lassen. Tomaten klein würfeln. Kichererbsen, Tomaten, Zucker, Salz und ¼ Liter Wasser in den Topf geben. 10 bis 15 Minuten auf niedriger bis mittlerer Flamme halb abgedeckt köcheln, ab und zu umrühren. Nach und nach noch einmal ¼ Liter Wasser unterrühren.

Tipp: Asafoetida, auch bekannt als (Stink-)Asant, ist eine in Iran, Afghanistan, Russland und Pakistan weit verbreitete krautige Pflanze, die beim Einschneiden ein stark nach Knoblauch schmeckendes Gummiharz freigibt. In Pulverform bekommt man dieses im Asialaden, es kann aber ansonsten auch durch frischen Knoblauch ersetzt werden.

CANDLE-LIGHT-DINNER

Für 2 Personen

Vorspeise
Blätterteigförmchen mit Avocadocreme, Tapiokakaviar und Gurkensalsa
Hauptspeise
Glasierter Räuchertofu auf Orangennudeln mit gegrilltem Fenchel
Dessert
Tonka-Semifreddo mit Walnusskrokant und Rotweinherzen

BLÄTTERTEIGFÖRMCHEN MIT AVOCADOCREME, TAPIOKA-KAVIAR UND GURKENSALSA

ZUTATEN

⏲ 30 Min. + 2 Std. Ruhezeit

½ Salatgurke (Schlangengurke)
1 reife Tomate
1 Knoblauchzehe
½ Bund glatte Petersilie
½ rote Peperoni
Salz
schwarzer Pfeffer aus der Mühle
1 Noriblatt
¼ l Misosuppe
1 Zitrone
4 EL Tapiokaperlen (groß/orange, aus dem Asialaden)
2 Scheiben Blätterteig vegan (tiefgekühlt)
etwas Pflanzenmilch und 1 EL Zucker zum Bestreichen
Fruchtfleisch von 1 reifen Avocado
3 EL Sojajoghurt natur (ungesüßt)
1 Prise Kala Namak

1. Gurke schälen, mit einem Löffel entkernen und in feine Würfel hacken. Die Tomate kreuzförmig einschneiden und mit kochendem Wasser überbrühen. Anschließend die Haut abziehen. Tomate, die abgezogene Knoblauchzehe, Petersilie und die halbe Peperoni (entkernt) ebenfalls hacken und mit der Gurke vermischen. Mit Salz und Pfeffer abschmecken und mindestens 2 Stunden kalt stellen.

2. Noriblatt in kleine Streifen schneiden und mit der Misosuppe 10 Minuten aufkochen. Anschließend die Brühe durch ein Sieb geben und auffangen, um die Noriblätter zu entfernen. 2 Teelöffel Salz und Saft von ½ Zitrone zur Brühe geben und erneut aufkochen. Tapiokaperlen hinzugeben und im Sud so lange aufkochen, bis sie durchsichtig werden. Abgießen und mit 1 Spritzer Zitronensaft vermengen. Beiseitestellen.

3. Aus den Blätterteigscheiben 4 quadratische Stücke ausschneiden und jeweils über eine kleine ofenfeste Form geben, damit Förmchen entstehen können. Den restlichen Blätterteig mit Pflanzenmilch und Zucker bestreichen und zu spiralförmigen Stangen für den Nachtisch (Rezept S. 147) drehen. Im Ofen nach Packungsangabe des Blätterteigs backen und zur Seite stellen.

4. Avocadofruchtfleisch mit Sojajoghurt und Kala Namak in einem Mixer oder mit dem Pürierstab zu einer glatten Masse verarbeiten. Anschließend jeweils 2 Blätterteigförmchen auf einen Teller geben und mit der Masse befüllen. Tapiokakaviar darauf verteilen und die Salsa anbei anrichten.

Das Bild zum Rezept finden Sie auf Seite 145 vorne.

GLASIERTER RÄUCHERTOFU AUF ORANGENNUDELN MIT GEGRILLTEM FENCHEL

ZUTATEN

⏱ 45 Min. + 5 Std. Ruhezeit

1 Bund Rosmarin
½ l Orangensaft
3 EL Rohrzucker
Salz
250 g Räuchertofu
1 Orange
1 TL rosa Pfefferbeeren
1 TL Rosmarin
(gerebelt oder gehackt)
1 Fenchelknolle
1 EL neutrales Öl
150 g Bandnudeln

1. Rosmarinzweige in Orangensaft einlegen und mindestens 5 Stunden ziehen lassen. Ofen auf 200 °C (Umluft 180°C, Gas Stufe 3-4) vorheizen.

2. Rosmarinzweige aus dem Orangensaft nehmen und die Hälfte des Saftes mit 2 Esslöffel Zucker und etwas Salz kurz aufkochen.

3. Räuchertofu mehrfach diagonal einschneiden und die geschälte Orange halbieren. Aus einer Hälfte der Orange Scheiben schneiden und in die Schnittkanten des Tofus stecken. Das Ganze in eine Auflaufform geben und die Rosmarinzweige dazulegen.

4. 1 Esslöffel Orangen-Zuckersaft über den Tofu geben und auf einem Backblech für ca. 30 Minuten in den Ofen geben. Alle 5 bis 10 Minuten weiteren Orangen-Zuckersaft über den Tofu geben, damit sich eine feste Kruste bildet.

5. Die andere Orangehälfte filetieren und mit dem Rest des Orangensafts, etwas Salz, gestoßenem rosa Pfeffer und dem Rosmarin in einem Topf erhitzen und die Flüssigkeit auf die Hälfte reduzieren.

6. Den Fenchel in Scheiben schneiden und mit etwas Öl bei großer Hitze in einer Pfanne von beiden Seiten scharf anbraten, zum Schluss mit etwas Salz und 1 Esslöffel Zucker karamellisieren.

7. Nudeln nach Packungsanweisung kochen und anschließend kurz in der Sauce schwenken. Mit einer Gabel Nudelnester auf den Tellern anrichten. Glasierten Räuchertofu in Scheiben schneiden und neben den Nudeln auf die Teller verteilen. Fenchelscheiben neben die Nudelnester legen und alles mit rosa Pfefferbeeren garnieren.

Das Bild zum Rezept finden Sie auf Seite 145 hinten links.

ÜBRIGENS...
...sind Kerzen leider nicht immer vegan und oft auch ökologisch bedenklich. Häufig wird zur Herstellung Stearin benutzt, das auch aus tierischen Fetten besteht. Garantiert vegane Kerzen gibt es im Bioladen zu kaufen.

TONKA-SEMIFREDDO MIT WALNUSSKROKANT UND ROTWEINHERZEN

ZUTATEN

⌛ 20 Min. + 3 Std. Gefrierzeit

80 g Walnüsse
50 g Rohrzucker
300 g Sojasahne zum Aufschlagen
(z.B. von Soyatoo)
1 Päckchen Sahnesteif
3-4 Tonkabohnen
¼ l Rotwein
½ TL Agar-Agar

1. Walnüsse grob hacken. In einer erhitzten Pfanne den Zucker schmelzen. Sobald dieser komplett geschmolzen ist, Walnüsse dazugeben und unterrühren.

2. Die so entstandene Masse zügig auf eine mit Backpapier ausgelegte Fläche streichen und auskühlen lassen. Anschließend in kleine Stücke brechen.

3. Sojasahne und Sahnesteif mit der Küchenmaschine oder einem Handrührgerät steif schlagen. Tonkabohnen fein reiben und unterheben, anschließend Walnusskrokant hinzugeben und gut durchmischen.

4. Die Masse in eine mit Frischhaltefolie ausgeschlagene Kastenform geben und für mindestens 3 Stunden in die Gefriertruhe stellen. Achtung: Das Semifreddo muss ca. ½ Stunde vor Verzehr zum Antauen aus dem Kühlfach geholt werden!

5. Rotwein kurz mit Agar-Agar aufkochen und anschließend in eine flache, mit Backpapier ausgelegte Schale gießen und kalt stellen.

6. Angetautes Semifreddo in Scheiben schneiden und auf kleinen Tellern anrichten. Aus dem erkalteten Rotweingelee mit einer Plätzchenform Herzen ausstechen und daneben anrichten. Mit je 1 Blätterteigstange aus dem Rezept von Seite 144 garnieren.

Das Bild zum Rezept finden Sie auf Seite 145 hinten rechts.

ÜBRIGENS...
...werden der Tonkabohne zahlreiche Eigenschaften nachgesagt – unter anderem soll sie eine hypnotisierende und erotisierende Wirkung haben. Man sollte es trotzdem mit der Verzehrmenge nicht übertreiben...

WEIHNACHTSMENÜ

Für 4 Personen

Vorspeise
Avocado-Hirse-Tatar mit schwarzem Sesam und Rettichsprossen
Hauptspeise
Rosmarinpolenta mit Maronen auf Pflaumenrotkraut
Dessert
Lebkuchenpannacotta mit heißen Himbeeren

AVOCADO-HIRSE-TATAR MIT SCHWARZEM SESAM UND RETTICHSPROSSEN

ZUTATEN

⏲ 15 Min. + 30 Min. Kochzeit

50 g Hirse
Salz
1 Schalotte
100 g Salatgurke
Fruchtfleisch von 1 reifen Avocado
1 Biozitrone
1 EL scharfer Senf
Chiliflocken nach Geschmack
Meersalz
1 Packung bunte Sprossen
zum Garnieren
1-2 EL schwarze Sesamkörner
Crema di balsamico
1 Baguette
Außerdem
Garnierringe
(5,5-6 cm Durchmesser, mittlere
Größe), alternativ 1 Glas mit
ähnlichem Durchmesser

1. Hirse in etwa ¼ Liter leicht gesalzenem Wasser 10 bis 15 Minuten gar kochen. Sollte zu viel Flüssigkeit verdunsten, etwas Wasser nachgießen.

2. Schalotte abziehen und fein würfeln. Schale des Gurkenstücks entfernen. Kerne entfernen und Gurke fein würfeln.

3. Das Fruchtfleisch der Avocado ebenfalls fein würfeln. Zitronenschale abreiben und Zitrone auspressen. Die Avocadowürfel mit der Hälfte des Zitronensafts marinieren.

4. Gekochte Hirse sowie Gurken-, Avocado- und Schalottenwürfel mit den Zitronenzesten, Senf, Chiliflocken, etwas Meersalz und dem restlichen Zitronensaft vermengen.

5. 4 Garnierringe mit der Masse füllen. Masse jeweils etwas andrücken und den Ganierring entfernen. Bunte Sprossen auf die Tatartürmchen geben. Schwarze Sesamkörner darüberstreuen und mit Crema di balsamico ungleichmäßige Kreise um das Tatar zirkeln. Nach Wunsch mit warmem Baguette servieren.

Das Bild zum Rezept finden Sie auf Seite 149 vorne.

ROSMARINPOLENTA MIT MARONEN AUF PFLAUMENROTKRAUT

ZUTATEN

⏲ 1 Std. + 2 Std. Kochzeit

Für die Polenta

1 Schalotte
einige Stängel Petersilie
2 Zweige frischer Thymian (oder gerebelter Thymian)
200 g Maronen (vorgekocht)
etwas Öl zum Anbraten
2 EL Agavendicksaft
2-3 Zweige frischer Rosmarin
800 ml Gemüsebrühe
200 g Polentagrieß
1 EL vegane Margarine
Salz
Pfeffer
Muskatnuss, frisch gerieben

Für den Rotkohl

1 Rotkohl
1 große Zwiebel
6 Wacholderbeeren
1 Zimtstange
3 Nelken
2 Lorbeerblätter
3-4 EL neutrales Öl
3 EL Agavendicksaft
2 EL dunkler Aceto balsamico
Saft von 1 Orange
Saft von ½ Zitrone
Rotwein
4 EL Pflaumenmus
450 ml Gemüsebrühe
Salz
Pfeffer

1. Schalotte abziehen und fein würfeln, Petersilie waschen und fein hacken. Thymianblättchen von den Zweigen zupfen und bereitstellen. Gekochte Maronen mit den Händen zerbröseln.

2. Öl in einer Pfanne erhitzen und die Schalottenwürfel darin glasig braten. Zerbröselte Maronen hinzugeben und ca. 3 Minuten scharf anbraten. Maronen mit Agavendicksaft karamellisieren und mit Thymian und Petersilie würzen. Zur Seite stellen.

3. Rosmarinblätter zupfen und klein hacken. Gemüsebrühe erhitzen und Polenta unter Rühren einrieseln lassen. Hitze stark reduzieren und Polenta wenige Minuten unter Rühren quellen lassen. Margarine, ¾ des Rosmarins, etwas Salz, Pfeffer und Muskat untermengen.

4. Die Hälfte der Polenta nun in eine kleine Kastenform geben. Maronenbrät darauf verteilen und gut andrücken. Restliche Polenta darüber verteilen und ebenfalls fest andrücken. Seitenränder gut verschließen. Für etwa 1 bis 2 Stunden kalt stellen.

5. Rotkohl vierteln, die äußeren Blätter entfernen, den Strunk herausschneiden, Rotkohl fein hacken oder hobeln. Zwiebel abziehen und würfeln. Wacholderbeeren andrücken und zusammen mit Zimtstange, Nelken und Lorbeerblättern in einen Gewürzbeutel geben. Öl in einem großen Topf erhitzen. Zwiebel glasig andünsten, Rotkraut dazugeben, umrühren und kurz anbraten. Nach 3 bis 4 Minuten mit Agavendicksaft kurz karamellisieren lassen. Mit Balsamico sowie Orangen- und Zitronensaft ablöschen.

6. Gewürzbeutel zum Rotkraut geben. 1 großen Schuss Rotwein hinzufügen. Pflaumenmus einrühren. Rotkraut anschließend 30 bis 40 Minuten auf mittlerer Hitze mit leicht geöffnetem Deckel schmoren lassen. Nach und nach etwas Gemüsebrühe nachgießen.

7. Nach 40 Minuten Kochzeit die restliche Brühe hinzugeben. Rotkraut mit Salz und Pfeffer abschmecken, für weitere 15 Minuten ziehen lassen, dann Gewürzbeutel entfernen.

8. Polenta in etwa 2 Zentimeter dicke Scheiben schneiden. Öl in einer Pfanne erhitzen und die Scheiben von beiden Seiten etwa 2 Minuten scharf anbraten. Rotkraut auf einen Teller geben und jeweils 2 bis 3 Scheiben Polenta daneben anrichten. Etwas gehackten Rosmarin und einige Thymianblättchen darüberstreuen.

Tipp: Falls Sie kein Gewürzsäckchen o.Ä. zur Verfügung haben, funktioniert es auch ohne, die Gewürze müssen dann am Ende lediglich entnommen werden.

Das Bild zum Rezept finden Sie auf Seite 149 hinten links.

LEBKUCHENPANNACOTTA MIT HEISSEN HIMBEEREN

ZUTATEN

⏱ 15 Min. + 3 Std. Kühlzeit

300 g Sojasahne
200 ml Hafer- oder Mandeldrink
6 EL Agavendicksaft
1 TL Vanillepulver
½ TL Lebkuchengewürz
1 TL Agar-Agar
300 g TK-Himbeeren
Puderzucker zum Bestäuben

1. Pannacottaförmchen mit kaltem Wasser ausspülen und bereitstellen.

2. Sojasahne und Hafer- oder Mandeldrink mit 3 Esslöffel Agavendicksaft in einen Topf geben und mit einem Schneebesen verrühren, aufkochen. Vanille und Lebkuchengewürz hinzufügen und bei milder Hitze 3 bis 4 Minuten köcheln lassen. Mit einem Schneebesen Agar-Agar unterrühren, aufkochen lassen und die Masse auf die Pannacottaförmchen verteilen. Für 2 bis 3 Stunden kalt stellen.

3. Einige TK-Himbeeren für die spätere Dekoration zur Seite stellen. Kurz vor dem Servieren Himbeersauce zubereiten. Dazu TK-Himbeeren in einem Topf erhitzen. 3 Esslöffel Agavendicksaft und ½ Teelöffel Vanille hinzugeben. Leicht köcheln lassen und nach etwa 3 bis 4 Minuten Himbeersauce mit einem Stabmixer fein pürieren. Bei Bedarf die Sauce zusätzlich durch ein Sieb streichen, um eine Sauce ohne Himbeerkerne zu erhalten.

4. Lebkuchenpannacotta mit einem spitzen Messer vom Rand lösen. Förmchen zur Hälfte in heißes Wasser tauchen und Pannacotta auf Dessertteller stürzen. Mit der heißen Himbeersauce umzirkeln.

5. Einige Himbeeren auf das Dessert und zur Sauce geben und alles mit Puderzucker bestäuben.

8. VEGAN MIT KINDERN

Sie haben Kinder? Dann werden sich vermutlich irgendwann
Fragen aufdrängen wie: Kann ich meinen Kindern die vegane
Küche ebenfalls schmackhaft machen und worauf muss
ich achten, damit diese keinen Nährstoffmangel erleiden?
Bei der Ernährung Ihrer Kinder ist auf jeden Fall
besondere Sorgfalt geboten.

VEGAN MIT KINDERN

Wer sich selbst vegan ernährt, dürfte sich ganz sicher auch fragen, ob eine vegane Ernährung auch für die eigenen Kinder – falls vorhanden – zu empfehlen ist. Natürlich ist der Wunsch, seine Kinder vegan zu ernähren, gut nachvollziehbar, wenn man sich selbst aus gesundheitlichen oder ethischen Gründen für eine vegane Ernährung entschieden hat, und grundsätzlich spricht offenbar auch nichts dagegen, urteilt die Amerikanische Vereinigung für Ernährung: »Gut geplante vegane und andere Formen der vegetarischen Ernährung sind für alle Phasen des Lebenszyklus geeignet, einschließlich Schwangerschaft, Stillzeit, frühe und spätere Kindheit und Adoleszenz.« Die deutsche Gesellschaft für Ernährung (DGE) hingegen rät immer noch dazu, zumindest gelegentlich tierische Produkte auf den Speiseplan zu setzen, was aber sowohl von Ernährungsexperten als auch von vegan erziehenden Eltern kritisiert wird.

Der wohl beste Beweis dafür, dass eine vegane Ernährung auch bei Kindern gut funktionieren kann, ist die blendende Gesundheit der Kinder selbst, und davon berichten inzwischen immer mehr Eltern. Letztlich eigentlich auch nur logisch: Wer sich eingehend mit der eigenen Ernährung und Gesundheit beschäftigt, verfügt über ein deutlich größeres Ernährungswissen und achtet besonders bei den eigenen Kindern sensibel darauf, dass diese sich ausgewogen und gesund ernähren. Erschreckend ist hingegen, was die Werbung Eltern mit weniger Ernährungswissen als gesunde Zwischenmahlzeit verkaufen möchte: industriell verarbeitete Produkte voller Zucker, Fette und künstlicher Zusatzstoffe.

Natürlich sind gerade Kinder besonders anfällig für Krankheiten und in hohem Maße darauf angewiesen, alle Nährstoffe zu bekommen, die sie für ihre Gesundheit und ihr Wachstum benötigen. Das gilt selbstverständlich für eine Ernährung mit tierischen Produkten genauso wie für eine vegane Ernährung – bei beiden kann es gleichermaßen zu Mangelerscheinungen kommen, wenn Eltern sich nicht eingehend genug mit dem Thema Ernährung beschäftigen. Und so reicht es tatsächlich auch nicht, einfach nur tierische Produkte vom Speiseplan der Kinder zu streichen, sondern bedarf prinzipiell einer intensiven Beschäftigung mit dem Thema, denn als Eltern haben Sie schließlich eine besondere Verantwortung.

Bereits während einer »veganen Schwangerschaft« sollte große Sorgfalt darauf gelegt werden, dass das heranwachsende Baby gut versorgt wird. Auch wenn Neugeborene in den ersten Lebensmonaten mit Muttermilch versorgt werden, sollte man als Mutter besonderes Augenmerk auf die eigene Ernährung richten, denn diese gibt man letztlich dem Baby über die Muttermilch weiter. Wer nicht stillen kann, kann auf mit Methionin (eine essenzielle Aminosäure) angereicherte Ersatzprodukte auf Sojabasis zurückgreifen, die bislang nur in Apotheken erhältlich sind. Reis- oder Mandelmilch sind in den ersten Lebensmonaten nicht geeignet, da sie sich ebenso wie Kuhmilch zu stark vom Nährstoffgehalt der Muttermilch unterscheiden.

Beginnt der Nachwuchs, feste Nahrung zu sich zu nehmen, muss die Zusammenstellung der Lebensmittel natürlich ebenfalls darauf ausgerichtet werden, dass alle benötigten Nährstoffe enthalten sind. Grundsätzlich sind pflanzliche Lebensmittel wie Gemüse, Getreide, Obst, Hülsenfrüchte und Nüsse optimale Nahrungsmittel für Kinder, da sie Kohlenhydrate, Proteine, Ballaststoffe, Vitamine und Mineralstoffe enthalten. Ein besonderes Augenmerk muss der Versorgung mit Eisen, Kalzium und Vitamin B12 gelten – wie bei Ihnen selbst natürlich auch. Lassen Sie bei Ihrem Kind regelmäßig vom Kinderarzt den B12-Wert und andere wichtige Blutwerte kontrollieren.

LASSEN SIE IHRE KINDER TEILHABEN UND MITMACHEN!

Spätestens wenn Ihr Kind schulpflichtig wird, bekommt es mit, wie andere Kinder essen, dass diese ihre Geburtstage am liebsten bei Fast-Food-Ketten feiern oder auf dem Pausenbrot Wurst mit Gesicht liegt. Wer nun bei seinen Kindern Interesse und Freude an gesunder Ernährung wecken möchte, sollte die Kinder vor allem möglichst oft mit einbeziehen, sowohl beim Einkauf als auch beim Kochen. Kinder sind zum Glück neugierig. Wenn Sie Ihrem Kind erklären, woher die Lebensmittel kommen, die es isst, wie man diese zubereitet, und dann später gemeinsam mit ihm kochen, wird dadurch nicht nur ein deutlich größeres Ernährungsbewusstsein bei Ihrem Kind geschaffen. Zudem werden ihm gesunde Lebensmittel auch später noch schmecken, denn Ernährung ist zu einem sehr großen Teil das Ergebnis von Erziehung und letztlich auch Gewohnheitssache. Vielleicht können Sie ja auch Ihren Balkon oder Garten dazu nutzen, Kräuter oder Gemüse zu züchten, was Ihr Kind ganz sicher spannend fände.

Falls Ihr Kind bislang omnivor ernährt wurde, wird es bereits gewisse Lieblingsgerichte haben und vielleicht weniger offen für Neues sein. Das ist ganz normal – Untersuchungen haben gezeigt, dass man Kindern neue Lebensmittel häufig mehrfach anbieten muss, bevor diese als bekannt und lecker akzeptiert werden. Versuchen Sie zunächst, die alten Lieblingsgerichte vegan abzuwandeln und nach und nach neue Zutaten einfließen zu lassen – beispielsweise Tofuwürstchen oder vegane Salami auf der Pizza statt tierischer Produkte, Pflanzendrink im Müsli oder im Pfannkuchen. So gewöhnt sich Ihr Kind langsam an die neuen Geschmäcker. Falls Ihr Kind dann öfter nach seinen neuen Lieblingsgerichten verlangt, kochen Sie doch einfach etwas auf Vorrat und frieren Sie es ein, z.B. eine vegane Bolognese.

Ernährungsgewohnheiten halten sich in der Regel ein Leben lang recht hartnäckig und werden bereits in der Kindheit festgelegt. Die Chancen stehen also gut, dass Ihr Kind auch im Erwachsenenalter eine gesunde, vollwertige und abwechslungsreiche vegane Kost den Verlockungen von Fast Food vorziehen wird, wenn es lernt, dass gesundes tierfreies Essen mindestens genauso »cool« ist wie Chicken Wings oder Salamiwürstchen.

IN DER SCHULE UND BEI KINDERGEBURTSTAGEN

Wenn Ihr Kind bereits in den Kindergarten oder in die Schule geht und dort verpflegt wird, so sollten Sie Rücksprache mit den Erziehern oder zuständigen Lehrkräften halten, diese über die gewählte Ernährungsform informieren und gegebenenfalls Vorurteile beiseiteräumen. Letztere werden Ihnen ganz sicher begegnen, gerade wenn es um die Ernährung von Kindern geht, sind viele Menschen sehr skeptisch. Häufig ist es auch nicht einfach so möglich, veganes Essen für Ihr Kind zu ordern, wenn eine

Verpflegung seitens der Einrichtung vorgenommen wird, wenngleich in der Regel durchaus auf Nahrungsmittelunverträglichkeiten Rücksicht genommen wird – lassen Sie sich also nicht so leicht abwimmeln. Ansonsten wächst gerade das Angebot an Kindertagesstätten, die ausschließlich eine vegetarische und vegane Verpflegung anbieten.

Natürlich kann es vorkommen, dass Ihr Kind mit seiner Pausenbox interessiert beäugt wird, wenn der Inhalt sich von den Boxen der anderen Kinder stark abhebt. Lassen Sie in diesem Fall das Essen einfach ähnlich aussehen. Veganer Käse oder vegane Salami auf Vollkornbrot oder Sojajoghurt mit Früchten sehen nicht anders aus als ihre tierischen Pendants. Auch auf Kindergeburtstagen sollten Sie dafür sorgen, dass sich Ihr Kind nicht als Außenseiter fühlt.

DIESE SNACKS EIGNEN SICH SEHR GUT ZUM EINPACKEN

» **Sandwiches:** Neben pflanzlichem Käse oder Salami eignen sich natürlich auch besonders vegane Brotaufstriche, Erdnussbutter oder vegane Nussaufstriche ganz hervorragend. Am besten greifen Sie beim Brot zur Vollkornvariante.

» **Warme Mahlzeiten:** Falls Sie Ihrem Kind eine warme Mahlzeit für die Mittagspause mitgeben wollen, so lohnt die Anschaffung einer Thermoskanne mit großer Öffnung. Diese kann mit Nudeln mit Tomatensauce, Chili sin Carne, Eintöpfen, Suppen und vielen anderen Gerichten gefüllt werden.

» Probieren Sie es auch mal mit **Rohkost.** Schneiden Sie Möhren, Kohlrabi oder Radieschen in schöne Formen, ergänzen Sie das Ganze um einen Dip, z.B. Hummus.

» Bei **Getränken** gibt es eine Menge gesunder Alternativen zur Schulmilch, z.B. Reis- oder Sojadrinks in verschiedenen Geschmacksrichtungen.

Wenn es bei Freunden eingeladen ist, so sprechen Sie einfach im Vorfeld mit den Eltern des einladenden Kindes und bieten Sie gerne auch an, selbst etwas beizutragen. So einige Kindergeburtstagsklassiker lassen sich ganz einfach veganisieren:

- Bei Pizza nehmen Sie statt Käse aus Kuhmilch eine vegane Variante, das Gleiche gilt für Salami & Co. Oder Sie probieren es mal ohne Ersatzprodukte und belegen die Pizza gemeinsam mit den Kindern mit Gemüse und Pilzen.

- Pommes mit Hamburger: Pommes sind von vornherein vegan, Ketchup in der Regel auch. Eine große Auswahl an veganen Burgerpattys aus Tofu, Seitan oder Lupinen können Sie im Bioladen oder veganen Handel bekommen. Statt Weißmehlbrötchen bieten sich natürlich Vollkornbrötchen an. Dazu gibt es Senf, Ketchup, Salat, Gurken, Zwiebeln und Tomaten.

- Der Partyklassiker Hotdog lässt sich ebenfalls ganz einfach in der pflanzlichen Variante herstellen, indem man aus dem riesigen Angebot an Tofu- oder Seitanwürstchen wählt. Sauerkraut, geröstete Zwiebeln, Senf und Ketchup sollten in der Regel vegan sein, bei Letzterem gibt es allerdings durchaus Ausnahmen, hier bitte genauer hinschauen.

- Nudeln mit Tomatensauce: Kaum ein Kind, das dieses Gericht nicht köstlich findet. Egal ob Napoli oder Bolognese (Rezept S. 161), Sie können leicht eine vegane Variante dieses Klassikers zubereiten.

- Wenn gegrillt werden soll, bieten sich natürlich Tofuwürstchen mit süßem Senf an, doch auch Tofu-Gemüse-Spieße (Rezept S. 136) werden den Kindern garantiert gut schmecken, und Kartoffel- oder Nudelsalat gehen auch vegan immer gut.

- Großer Beliebtheit erfreuen sich auch Pfannkuchen und Waffeln mit Sahne und Kirschen (Rezept S. 166).
- Zum Nachtisch können Sie statt ungesundem Süßkram Obstsalat, Fruchtsmoothies, Eis aus gefrorenen Bananen und Erdnussmus oder Muffins anbieten.

ACHTEN SIE AUF EINE AUSGEWOGENE ERNÄHRUNG!

Auch wenn es zunächst verlockend erscheint, die alten Lieblingsgerichte Ihres Kindes mit Ersatzprodukten nachzukochen – denken Sie immer daran, dass Ihr Kind ausreichend viel frisches Gemüse und Obst zu sich nimmt. Ihr Kind mag kein Obst? Ich wette, es wird Smoothies lieben. So können Sie ihm eine große Portion Obst schmackhaft machen. Wenn Ihr Kind sich sogar für Grüne Smoothies begeistert, packen Sie grünes Blattgemüse wie Spinat, Mangold oder Möhrengrün mit hinein. Zuckerfreies Eis können Sie ebenfalls mit einem guten Mixer ganz einfach selbst herstellen, indem Sie klein geschnittenes und eingefrorenes Obst als Grundlage verwenden (Rezepte S. 178).

Obst und Gemüse alleine reichen natürlich für eine ausgewogene Ernährung nicht aus. Achten Sie darauf, dass Ihr Kind genügend Kalorien zu sich nimmt, denn pflanzliche Nahrung ist häufig sehr ballaststoffreich und zudem kalorienarm, sodass die noch kleinen Mägen der Heranwachsenden häufig zu schnell voll sind, ohne dass genügend Kalorien aufgenommen wurden. Reichhaltige Lebensmittel wie Avocados, Nussmus, Trockenfrüchte oder Sojaprodukte sollten ebenfalls regelmäßig angeboten werden, dazu Hülsenfrüchte, grünblättriges Gemüse, Vollkornprodukte, Nüsse, Samen und Kerne, Keimöle, Sojaprodukte, angereicherte Pflanzendrinks und ein B12-Nahrungsergänzungsmittel.

FLEISCH ESSEN ERLAUBEN – JA ODER NEIN?

Ganz bestimmt wird Ihrem Kind irgendwann auffallen, dass es etwas »anders« isst. Und es wird sich und Sie fragen: Warum eigentlich? Sie selbst werden vermutlich darüber nachdenken, ob Sie es Ihrem Kind erlauben sollen oder nicht, bei Freunden oder der Oma Fleisch oder andere tierische Produkte zu essen. Es gibt auf diese Fragen keine eindeutige Empfehlung, die Beantwortung liegt ganz alleine in Ihrem Ermessen. Sinnvoll scheint auf jeden Fall, Ihr Kind über die Gründe für die gewählte Ernährungsweise aufzuklären. Das aber natürlich altersangemessen, ohne Schockvideos. Appellieren Sie an die Tierliebe Ihres Kindes und erklären Sie ihm sanft die Zusammenhänge zwischen dem süßen Kalb auf der Wiese und der Milch, die in der Schule angeboten wird. Hilfreich sind Kinderbücher, die sich speziell mit diesem Thema beschäftigen.

Was aber, wenn Ihr Kind trotzdem gerne Fleisch oder andere tierische Produkte ausprobieren möchte? Ein generelles Verbot dürfte in der Regel wenig sinnvoll sein, da Kinder verbotene Dinge häufig besonders gerne tun. Vielleicht ist es besser, dem Kind die Entscheidung freizustellen, gleichzeitig aber immer mal wieder das Gespräch über die Hintergründe zu suchen. Wichtig ist, Ihrem Kind zu vermitteln, dass eine vegane Ernährung keinen Verzicht darstellt, indem man ihm tierische Produkte nicht einfach verbietet, sondern das vegane Essen so bunt und lecker wie möglich gestaltet.

Schauen wir uns doch mal ein paar typische Kinderklassiker an, die Sie in einer rein pflanzlichen Version ganz einfach kochen können. Übrigens schmecken die Gerichte garantiert auch Erwachsenen.

KÖTTBULLAR MIT RAHMSAUCE

ZUTATEN FÜR 4 KINDER

⧗ 30 Min. + 40 Min. Kochzeit

Für die Köttbullar

100 g Zwiebeln

Öl zum Anbraten und Beträufeln

½ Bund Petersilie

250 g Gluten (Seitanfix)

½ EL Speisestärke

½ EL Paprikapulver (edelsüß)

½ EL Majoran (gerebelt)

½ TL Muskatnuss, frisch gerieben

½ EL Thymian (gerebelt)

½ TL Senfkörner, grob zerstoßen

½ EL bunter Pfeffer, grob gemahlen

½ TL Oregano (gerebelt)

50 g Tomatenketchup

2 EL Senf

1 EL Tomatenmark

½ EL Worcestersauce

Für die Rahmsauce

Öl zum Anbraten

250 g braune Champignons

½ Bund Petersilie

1 kleine Zwiebel

1 Knoblauchzehe

1 EL Weizenmehl

200 g Sojasahne

bunter Pfeffer

Sojasauce nach Geschmack

1. Ofen auf 150 °C (Umluft 130 °C, Gas Stufe 1) vorheizen. Zwiebeln abziehen, fein würfeln und in einer Pfanne mit Öl glasig anbraten.

2. Petersilie waschen und fein hacken. In einer großen Rührschüssel Zwiebeln mit Gluten, Stärke, der Hälfte der Petersilie und den trockenen Gewürzen vermischen. Anschließend Ketchup, Senf, Tomatenmark und Worcestersauce dazugeben und zu einem klebrigen Teig verkneten.

3. Aus dem Teig Bällchen formen, die Masse dabei fest zusammendrücken. Backpapier auf ein Backblech geben und mit etwas Öl beträufeln. Bällchen im vorgeheizten Ofen ca. 15 Minuten backen, dann wenden und noch einmal 15 Minuten backen. Danach die Bällchen aus dem Ofen nehmen.

4. In einer tiefen Pfanne (oder Wok) Öl erhitzen. Champignons in Scheiben schneiden, Petersilie hacken und Zwiebel abziehen und würfeln.

5. Zwiebel und Bällchen bei starker Hitze von allen Seiten kross anbraten. Wenn die Bällchen gleichmäßig braun sind, abgezogenen Knoblauch in die Pfanne pressen und kurz unter Rühren für 2 bis 3 Minuten anschwitzen. Bällchen aus der Pfanne nehmen.

6. Etwas Öl nachgießen. Pilze anbraten, bis sie Flüssigkeit abgeben. Mit Mehl bestäuben, unter ständigem Rühren anschwitzen. Mit Sojasahne ablöschen, Petersilie dazugeben und 10 Minuten bei mittlerer Hitze köcheln lassen. Mit Pfeffer und Sojasauce abschmecken.

7. Köttbullar auf Tellern anrichten und die Sauce über die Bällchen geben. Dazu passt z.B. Kartoffelpüree.

Vorsicht: Nicht alle Worcestersaucen sind vegan, die meisten enthalten Sardellen!

TACOCHIPS MIT FRUCHTIGER SALSA UND GUACAMOLE

ZUTATEN FÜR 4 KINDER
⏱ 20 Min.
400 g Tacochips
Für die fruchtige Salsa
3 Tomaten
1 kleine rote Zwiebel
1 kleine Knoblauchzehe
½ TL Salz
1 TL Agavendicksaft
1½ EL frisch gepresster Limettensaft
Für die Guacamole
1 reife Avocado
1 kleine Knoblauchzehe
2 EL frisch gepresster Zitronensaft
1 TL Agavendicksaft
½–1 TL Salz

1. Für die fruchtige Salsa die Tomaten überkreuz einritzen und kurz in kochendes Wasser geben. Tomaten wieder entnehmen, die Haut abziehen und die Tomaten vierteln oder achteln. Die Kerne komplett entfernen und den Rest der Tomaten in einen Mixer geben.

2. Zwiebel und Knoblauch abziehen, grob schneiden, zu den Tomaten in den Mixer geben und durchmixen. Mit Salz, Agavendicksaft und Limettensaft abschmecken.

3. Für die Guacamole die Avocado entkernen und das Fruchtfleisch zusammen mit klein gehacktem Knoblauch, Zitronensaft, Agavendicksaft und Salz vermengen bzw. mixen, je nachdem, wie fein man die Guacamole haben möchte.

> Die Tacochips schmecken kurz im Backofen erwärmt besonders lecker.

SPAGHETTI BOLO

ZUTATEN FÜR 3 KINDER

⏱ **20 Min.**

250 g (Vollkorn-)Spaghetti
Salz
3 EL Olivenöl
1 kleine Zwiebel
optional 1 Knoblauchzehe
200 g Naturtofu
4 EL Tomatenmark
1 Dose geschälte Tomaten
1 EL italienische Kräuter (frisch,
Würzmischung oder tiefgekühlt)
Pfeffer aus der Mühle
frisches Basilikum
optional Hefeflocken oder
veganer Parmesan

1. Spaghetti nach Packungsanweisung in Salzwasser kochen, abgießen und warm stellen.

2. Inzwischen Öl in einer Pfanne erhitzen. Zwiebel und optional Knoblauch abziehen und klein würfeln, Tofu mit einer Gabel zerdrücken.

3. Zwiebel und Knoblauch 2 bis 3 Minuten im heißen Öl andünsten, Tofu dazugeben und scharf anbraten.

4. Hitze reduzieren, Tomatenmark, geschälte Tomaten und Gewürze dazugeben. Bei Verwendung von frischen Kräutern diese erst kurz vor Schluss dazugeben.

5. Für mindestens 5 Minuten bei geringer Hitze köcheln lassen. Mit Salz und Pfeffer abschmecken und über die Spaghetti geben. Mit frischem Basilikum garnieren und optional mit Hefeflocken oder veganem Parmesan bestreuen.

Statt Tofu kann man auch fertiges Sojahack benutzen.

161

GEMÜSE-PAKORAS MIT APFELCHUTNEY

ZUTATEN FÜR 15-20 STÜCK
⧖ 45 Min.

Für den Pakora-Teig
1 TL gemahlener Kreuzkümmel
1 TL gemahlene Koriandersamen
150 g Kichererbsenmehl
½ TL Backpulver
80 g frischer Spinat
1 Möhre
1 Zwiebel
1 EL Zitronensaft
¼ TL gemahlene Kurkuma
1 TL Salz
neutrales Öl zum Frittieren

Für das Apfelchutney
1 großer Apfel
1 TL Öl
¼ TL Zimtpulver
¼ TL Garam Masala
120 g Zucker
¼ TL Salz
1 EL Zitronensaft

1. In einer kleinen Pfanne Kreuzkümmel und Koriander auf mittlerer Flamme 2 Minuten rösten. Mit Kichererbsenmehl, Backpulver und 150 Milliliter Wasser in einer großen Schüssel zu einem glatten, noch leicht flüssigen Teig verrühren.

2. Spinat waschen und hacken, die Möhre schälen und raspeln, die Zwiebel abziehen und klein würfeln. Alles zusammen mit Zitronensaft, Kurkuma und Salz in die Schüssel geben und gut vermischen, gegebenenfalls mehr Mehl oder Wasser hinzufügen. Den Teig 15 Minuten ruhen lassen.

3. Den Boden eines kleinen Topfes mit ca. 5 Zentimeter Öl bedecken und auf mittlerer Flamme erhitzen. Das Öl hat die richtige Temperatur, wenn ein kleiner Teigtropfen schnell brutzelnd an die Oberfläche steigt.

4. Vorsichtig einen Löffel Pakora-Teig ins heiße Öl geben. 5 bis 6 Stück zur gleichen Zeit für 4 bis 5 Minuten frittieren, bis sie goldbraun sind. Ab und zu wenden.

5. Die Pakoras mit einer Schaumkelle (oder einem Löffel) herausheben, abtropfen lassen und auf einen Teller oder in eine Schüssel legen. So lange wiederholen, bis sich der gesamte Teig in knusprige Gemüse-Pakoras verwandelt hat.

6. Für das Chutney den Apfel entkernen und sehr klein würfeln. In einer kleinen Pfanne Öl auf mittlerer Flamme erhitzen. Zimt und Garam Masala 2 Minuten leicht anrösten. 120 Milliliter Wasser vorsichtig hinzufügen und zum Kochen bringen. Apfel, Zucker, Salz und Zitronensaft zugeben und gut vermischen.

7. Auf niedrige Flamme stellen und in offener Pfanne 15 bis 20 Minuten unter gelegentlichem Umrühren köcheln und eindicken lassen. Vom Herd nehmen, 15 Minuten ruhen und weiter eindicken lassen.

8. Pakoras mit Chutney servieren.

Pakoras sind in Indien und Pakistan ein beliebter Imbiss und zumeist vegan. Füllen Sie die Pakoras auch mal mit Kürbis, Auberginen, Blumenkohl oder auch süß mit Bananen.

CORNFLAKES-NUGGETS MIT POMMES

ZUATEN FÜR 2 KINDER
⧖ 20 Min. + 30 Min. Backzeit

Für die Nuggets
8 Sojamedaillons
¼ l Gemüsebrühe
Salz
3-4 EL Sojadrink
30 g Mehl
50 g Cornflakes (ungesüßt)
3 EL neutrales Öl

Für die Pommes
500 g Kartoffeln
(vorwiegend festkochend)
3-4 EL Olivenöl
Salz
je nach Geschmack Paprika-,
Kräuter- oder Currygewürz

1. Sojamedaillons mit heißer Gemüsebrühe übergießen und für mindestens 20 Minuten einweichen. Anschließend stark auspressen und etwas salzen.

2. Inzwischen den Ofen auf 220 °C (Umluft 200 °C, Gas Stufe 4-5) vorheizen.

3. Kartoffeln waschen, schälen (Biokartoffeln lediglich waschen) und in 1,5 bis 2 Zentimeter dicke Stifte schneiden.

4. Öl, Salz und Gewürze nach Geschmack in eine Schüssel geben und die Kartoffelstifte darin wenden. Anschließend auf ein mit Backpapier bedecktes Backblech legen und auf der untersten Schiene im vorgeheizten Backofen für 30 Minuten backen und nach 15 Minuten die Pommes wenden.

5. Sojadrink, Mehl und fein zerkrümelte Cornflakes getrennt in 3 Schalen bereitstellen.

6. Die Sojamedaillons nun zuerst im Mehl wenden, etwas abklopfen, dann durch den Sojadrink ziehen und schließlich die Cornflakeskrümel fest andrücken. Anschließend in einer erhitzten Pfanne mit Öl von beiden Seiten anbraten, mehrfach wenden.

7. Pommes und Nuggets mit selbst gemachter Mayonnaise (Rezept S. 64) und/oder Ketchup (Grundrezept S. 27) servieren.

Bereiten Sie Pommes auch mal aus Gemüsesorten wie Möhren, Süßkartoffeln oder Kürbis zu.

WAFFELN MIT SAHNE UND KIRSCHEN

ZUTATEN FÜR 6 WAFFELN

⏳ **20 Min.**

250 g Mehl Type 550
½ Päckchen Backpulver
4 EL Rohrzucker
½ Päckchen Vanillezucker
1 Prise Salz
¼ l Sojadrink
50 ml Mineralwasser
1 Glas Kirschen
(Abtropfgewicht 350 g)
200 g aufschlagbare Sojasahne
(z.B. von Soyatoo)

1. Mehl, Backpulver, Rohrzucker, Vanillezucker und Salz in eine Schüssel geben und durchmischen.
2. Sojadrink und Mineralwasser dazugeben und mit einem Schneebesen zu einem glatten Teig verrühren.
3. Kirschen in einem Topf kurz erhitzen, Sojasahne mit einem Stabmixer aufschlagen.
4. Waffeln in einem Waffeleisen ausbacken, mit heißen Kirschen und Sahne servieren.

KOKOSMILCHREIS MIT NUSSKROKANT

ZUTATEN FÜR 2 KINDER

⏳ **30 Min.**

400 ml Kokosmilch
100 g Milchreis
1 Prise Salz
30 g Rohrzucker
oder Kokosblütenzucker
50 g Walnüsse
2 EL Agavendicksaft

1. Kokosmilch, 100 Milliliter Wasser, Milchreis, Salz und Zucker in einen Topf geben und bei mittlerer Hitze für ca. 30 Minuten unter gelegentlichem Rühren köcheln lassen.
2. Inzwischen Walnüsse grob hacken, in einer Pfanne ohne Öl für 2 bis 3 Minuten erhitzen, mit Agavendicksaft kurz karamellisieren.
3. Karamellisierte Walnüsse über den fertig gegarten Milchreis geben und servieren.

ERDNUSS-BANANEN-SNACK

ZUTATEN FÜR 4 KINDER

⧖ 20 Min. + 1 Std. Kühlzeit

3 Bananen
1 kleines Glas Erdnussbutter
(crunchy, 250 g)
1 Handvoll geröstete Erdnüsse
1 Tafel Schokolade
(z.B. Dunkle
Nougat von Vivani oder
Zartbitter-Blockschokolade)

ZUBEREITUNG

1. Die Bananen schälen und in gleich dicke Scheiben schneiden (1-2 Zentimeter).

2. Auf die Hälfte der Bananenscheiben etwas Erdnussbutter geben und mit den anderen Hälften abdecken. Geröstete Erdnüsse klein hacken.

3. Schokolade im Wasserbad erhitzen und im flüssigen Zustand über die Bananen-Erdnuss-Türmchen geben. Sofort mit den Erdnüssen garnieren, bevor die Schokolade trocknet.

4. Die fertigen Snacks für 1 Stunde im Gefrierfach kalt stellen.

9. VEGAN FÜR PROFIS: SUPERFOODS & ROHKOST

Wer sich eingehender mit der veganen Küche beschäftigt, stößt irgendwann ganz sicher auf zwei große Trends: die Rohkostküche und Superfoods. Erstaunlich, was für köstliche Gerichte man ganz ohne Kochen zaubern kann. Superfoods sind zudem eine tolle Ergänzung auf dem Speiseplan, prall gefüllt mit Nährstoffen.

VEGAN FÜR PROFIS: SUPERFOODS & ROHKOST

Beschäftigt man sich eingehender mit einer veganen Ernährungsweise, stößt man recht schnell auf die Begriffe »Rohkost« und »Superfoods«. Was verbirgt sich dahinter?

ROHKOST ROCKT!

Rohköstlich zu essen ist besonders in der veganen Szene ein großes Thema, auch wenn Rohkost nicht gleichbedeutend mit einer rein pflanzlichen Ernährung sein muss – auch Fleisch und andere tierische Produkte kann man roh essen. Im Prinzip bedeutet Rohkost zunächst mal nichts anderes, als dass Lebensmittel nicht über 42 °C erhitzt werden, um einem Verlust von wichtigen Nährstoffen, Vitaminen und Enzymen vorzubeugen. Alle Lebensmittel sollen also möglichst naturbelassen gegessen werden. Wer nun an langweiligen Salat mit Sonnenblumenkernen oder Kohlrabiknabbern denkt, wird erstaunt sein, dass die rohköstliche Küche viel mehr zu bieten hat und äußerst raffiniert sein kann, egal ob Sie sich an rohköstlichen Zucchini-Walnuss-Cannelloni (Rezept S. 173), einem rohen Erdbeer-Käsekuchen (Rezept S. 176) oder an Rohkosteis (Rezept S. 178) versuchen. Rohkost bedeutet also keineswegs Geschmacksverzicht.

Die Zubereitung rohköstlicher Speisen ist bisweilen etwas aufwendiger und nicht immer so spontan umsetzbar, denn in der Regel wird empfohlen, Nüsse und Samen über Nacht einzuweichen – dadurch sollen sie besser verdaulich sein. Doch es gibt auch durchaus ganz einfache und spontan herzustellende Gerichte. Aus gesundheitlicher Sicht ist es durchaus günstig,

einen möglichst großen Teil des Speiseplans rohköstlich zu gestalten – das kann regelmäßig ein großer Salat sein, ein (Grüner) Smoothie oder aber auch Gemüseschnitze und Obst als Snack. Viele (nicht alle!) Gemüsesorten lassen sich auch roh verzehren, und ungekochte Hülsenfrüchte sind angekeimt ebenfalls genießbar. Äußerst gesund sind zudem Wildkräuter, die man gut im Salat verarbeiten und sogar selbst ganz kostenlos pflücken oder sammeln kann, wenn man sich damit auskennt.

Wer es einmal eine Weile komplett rohköstlich versucht, wird erstaunt sein, wie fit und energiereich man sich nach einer kurzen Entgiftungsphase fühlt. Es lohnt sich wirklich, diese Erfahrung einmal zu machen. Ansonsten gilt: so oft wie möglich roh, es muss ja nicht gleich 100 Prozent sein. Ein Fehler, den viele Rohkostneueinsteiger begehen, ist, zu viele Nüsse oder Avocados zu sich zu nehmen, um ein besseres Sättigungsgefühl zu erreichen. Sowohl Nüsse als auch Avocados sind allerdings sehr fettreich und sollten daher nur in Maßen genossen werden – zumeist wird nicht mehr als eine Handvoll Nüsse pro Tag empfohlen.

BENÖTIGE ICH SPEZIELLE KÜCHENGERÄTE?

Grundsätzlich benötigen Sie für eine rohköstliche oder generell vegane Ernährung keine besonderen Küchengeräte, doch die eine oder andere Anschaffung könnte sich dauerhaft lohnen. Besonders hilfreich (und für mich persönlich unverzichtbar) sind Hochleistungsmixer wie der Vitamix, KoMoMix oder die Geräte von Bianco. Diese können wunderbar feine Smoothies zaubern, aber auch Eis, Saucen, Aufstriche, Pflanzenmilch oder Nussmus in toller Qualität herstellen, Nüsse zerkleinern, Leinsamen und Kerne schroten und vieles mehr. Auf lange Sicht lohnt sich die Anschaffung eines solchen Multitalents ganz sicher, wenn Sie viel selbst zubereiten, denn die eigene Herstellung von Pflanzenmilch, Nussmus oder veganem Frischkäse dürfte in der Regel auch noch deutlich günstiger sein als der Kauf der fertigen Produkte. Und wer einmal auf den Geschmack von Smoothies gekommen ist, will ein solches Gerät sowieso nicht mehr missen.

Die Herstellung von Pflanzenmilch gelingt nicht nur mit einem Hochleistungsmixer – es gibt auch spezielle Pflanzenmilchzubereiter für genau diesen Zweck. Schwören Sie auf frisch gepresste Säfte, sollten Sie über den Kauf einer Saftpresse nachdenken. Besonders bei Rohköstlern beliebt sind Dörrautomaten, mit denen man nicht nur Früchte trocknen, sondern auch rohköstliche Cracker oder »Fruchtleder« (in dünnen Schichten gestrichener und getrockneter Fruchtbrei) herstellen kann. In jedem Fall lohnenswert ist die Anschaffung von zwei bis drei guten Messern, eines großen Schneidebretts (z.B. aus einem natürlichen Material wie Bambus, besser nicht aus Plastik) und einer Reibe bzw. eines Hobels für das Schneiden von Obst und Gemüse. Wer Gemüsespaghetti toll findet, kann sich die Herstellung durch den Kauf eines Spiralschneiders erleichtern. Sehr gesund sowie einfach und günstig zu züchten sind Sprossen, wofür es diverse Keimgläser und -geräte zu kaufen gibt. Sprossen haben einen extrem hohen Vitamingehalt und sind daher ebenfalls echte Superfoods. Sie machen sich bestens in Salaten, auf Sandwiches oder als Topping auf fast jedem Essen.

SUPERFOODS

Wer sich mit dem Thema Rohkost oder allgemeiner mit einer veganen Ernährung beschäftigt, wird auch um den Begriff »Superfoods« ganz sicher nicht herumkommen. Besonders Matchatee, ein sehr hochwertiger und teurer Tee aus Japan, erfährt einen wahren Hype. Der Tee soll äußerst gesund sein, voller Antioxidanzien stecken und gilt als bessere Alternative zu Kaffee und Espresso. Er kann nicht nur pur getrunken werden, sondern wird zunehmend in Kombination mit Pflanzendrinks als Matcha Latte, in Smoothies oder auch in Desserts verwendet. Doch auch Gojibeeren, Kakaonibs, Weizen- und Gerstengras, die Mikroalgen Chlorella und Spirulina, Hanf- und Chiasamen, Baobab, Moringa, Maca-, Lucuma-, Carob- oder Acaipulver – um nur eine kleine Auswahl zu nennen – erfreuen sich immer größerer Beliebtheit. Sie sind im veganen Supermarkt, im Online-Handel und zunehmend auch im Bioladen erhältlich. Auch Heidelbeeren, Granatäpfel, Sanddorn oder Ginseng gelten übrigens als Superfoods.

Doch was bedeutet der Begriff »Superfoods« eigentlich? Es gibt keine genaue Definition, aber die so bezeichneten Lebensmittel haben gemeinsam, dass sie einen besonders hohen und konzentrierten Gehalt an bestimmten wertvollen Nährstoffen aufweisen und ihnen große positive gesundheitliche Effekte oder gar heilende Kräfte nachgesagt werden. In der Regel sind sie rohköstlich, in Bioqualität und vollwertig. Zumeist leider auch sehr teuer, dafür sind gerade aber die Pülverchen auch ziemlich ergiebig. Besonders in Smoothies finden Superfoods Verwendung, aber auch in Eis, Müslis und anderen Gerichten können sie eingesetzt werden. Ein paar erste Rezepte zum Antesten von rohköstlichen Gerichten und Superfoods finden Sie auf den folgenden Seiten.

CHIAPUDDING-VARIATIONEN

ZUTATEN FÜR 2 PERSONEN

⏱ 5 Min. + 20 Min. Einweichzeit

Mit Joghurt und Waldbeeren

100 ml Mandeldrink
1-2 EL Chiasamen
1 Messerspitze Vanillepulver
1 EL Agavendicksaft
100 g Vanille-Sojajoghurt
optional Haferflocken
optional gepoppter Amaranth
Waldbeeren (frisch oder tiefgekühlt)

Mit Matcha und Beeren

100 ml Haferdrink
1-2 EL Chiasamen
1 Messerspitze Vanillepulver
1 EL Ahornsirup
1 TL Matchatee
1 EL Gojibeeren
frische Erdbeeren

1. Jeweils 100 Milliliter Pflanzendrink mit den Chiasamen anrühren. Ganz wichtig: Nach 20 Minuten noch mal durchrühren, möglichst sogar mehrfach, da die Flüssigkeit sonst schnell verklumpt. Mindestens 20 Minuten quellen lassen, am besten sogar über Nacht, dann hat der Pudding eine deutlich festere Konsistenz.

2. Mit Vanillepulver und Agavendicksaft bzw. Vanillepulver, Ahornsirup und Matchapulver oder anderen Süßungsmitteln und/oder Gewürzen verfeinern.

3. Nach Geschmack mit Sojajoghurt, Haferflocken oder gepopptem Amaranth bzw. Gojibeeren ergänzen.

4. Ein Topping aus Waldbeeren bzw. Erdbeeren auf den Pudding geben.

Tipp: Probieren Sie einfach mal eines der nebenstehenden Rezepte zum Start aus und tüfteln Sie dann Ihren eigenen Lieblings-Chiapudding aus! Es kann beispielsweise auch mit Stevia gesüßt, mit Kakaopulver, Zimtpulver oder gemahlenem Kardamom gewürzt oder mit Müsli, Nüssen, Kokosraspeln o.Ä. getoppt werden – die Möglichkeiten sind schier unbegrenzt!

ROHKÖSTLICHE ZUCCHINI-WALNUSS-CANNELLONI

ZUTATEN FÜR 2 PERSONEN

⏱ 20 Min.

2 Zucchini
5 getrocknete Tomaten
3 Tomaten
1 Knoblauchzehe
35 g Walnüsse
2 EL Zitronensaft
1 EL Olivenöl
1 EL Agavendicksaft
½ TL schwarzer Pfeffer
½ TL Meersalz
1-2 TL Rosmarin
1-2 TL Oregano

1. Zucchini waschen und mit einem Gemüsehobel zu langen Streifen schneiden.

2. Getrocknete Tomaten, Tomaten, abgezogene Knoblauchzehe, Walnüsse, Zitronensaft, Öl, Agavendicksaft, 2 Esslöffel Wasser und Gewürze in einer Küchenmaschine, mit einem Pürierstab oder in einem Hochleistungsmixer zu einer homogenen Masse mixen, gegebenenfalls etwas mehr Wasser hinzufügen.

3. Je 1 Löffel der Masse auf eine Zucchinischeibe geben und aufrollen, mit einem Zahnstocher feststecken.

> Alternativ können statt Walnüssen auch andere Nüsse wie Cashewkerne oder Haselnüsse verwendet werden. Auch Sonnenblumenkerne sind eine gute Alternative.

SUPERFOODS-RIEGEL

ZUTATEN FÜR CA. 10 RIEGEL

⏱ **20 Min. + ½-1 Std. Kühlzeit**

50 g Cashewkerne
50 g Mandeln
25 g Kokosflocken
25 g Hanfsamen
25 g Datteln
25 g Kakaonibs oder vegane Schokolade
25 g Gojibeeren
1 TL Vanillepulver
1 EL Kakaopulver (roh)
1 EL Chiasamen
50 ml Ahornsirup oder Agavendicksaft
2 TL Kokosnussöl
1 EL Hanfproteinpulver
1 EL Macapulver

1. Alle trockenen Zutaten (außer Superfoods-Pulver) in ein Küchengerät geben und klein hacken.

2. Feuchte Zutaten und Superfoods-Pulver dazugeben und noch einmal gut durchrühren.

3. Masse kurz durchkneten, auf ein großes Schneidebrett mit Backpapier verteilen und glatt streichen. Für 1 Stunde in den Kühlschrank oder für 30 Minuten in das Gefrierfach stellen. Riegel in gewünschter Größe zurechtschneiden.

Weitere Zutaten, mit denen die Riegel variiert werden können:
Getreide: Haferflocken, gepoppter Amaranth
Trockenfrüchte: Rosinen, Aprikosen, Pflaumen, Cranberrys
Nüsse: Walnüsse, Haselnüsse, Macadamianüsse, Pekannüsse
Nussmus oder -butter: Mandelmus, Erdnussbutter, Hanfmus
Superfoods: Matchapulver, Spirulina, Chlorella, Lucumapulver
Gewürze: Vanillepulver, Zimtpulver, gemahlener Kardamom

ZWEIERLEI RABBIT BALLS

ZUTATEN FÜR 10 KUGELN
⏲ 20 Min.

Für die Limette-Kokos-Bällchen
50 g Mandeln
100 g Kokosflocken
150 g Rosinen
150 g Datteln
100 ml Kokosmilch
300 g Haferflocken
Saft & abgeriebene Schale von 3 Biolimetten
Kokosflocken für die Garnitur

Für die Feige-Kakao-Bällchen
50 g Mandeln
100 g Cashewkerne
150 g Rosinen
150 g getrocknete Feigen
200 g Haferflocken
50 g Kakaopulver
½ TL abgeriebene Bioorangenschale

1. Für beide Varianten die Zutaten (bis auf die Kokosflocken für die Garnitur) in einer Küchenmaschine oder einem leistungsstarken Mixer zu einer homogenen Masse vermixen.

2. Mit leicht feuchten Händen Kugeln in gewünschter Größe formen, für die Limette-Kokos-Variante die Bällchen noch in Kokosflocken wälzen.

> Auch diese Bällchen können ähnlich wie die Superfoods-Riegel immer wieder variiert werden. Seien Sie kreativ! Sie eignen sich außerdem hervorragend als Snack für unterwegs.

ROHER ERDBEER-KÄSEKUCHEN

**ZUTATEN FÜR
2 KLEINE KUCHEN**
⏱ 20 Min. + 8 Std. Einweichzeit +
6 Std. Kühlzeit

250 g Cashewkerne
100 g Erdbeeren
1 EL Zitronensaft
50 g Agavendicksaft
45 g Walnüsse
45 g Sonnenblumenkerne
1 EL Kokosfett (+ etwas mehr zum
Einfetten)
3 Datteln (entsteint)
1 Prise Meersalz
Heidelbeeren und Erdbeeren
zum Garnieren

1. Cashewkerne für 8 Stunden in Wasser einweichen, anschließend abgießen und Wasser wegschütten.

2. Cashewkerne, Erdbeeren, Zitronensaft und Agavendicksaft in einem Mixer 60 bis 90 Sekunden zu einer cremigen, dickflüssigen Masse pürieren.

3. Walnüsse, Sonnenblumenkerne, Kokosfett, klein gehackte Datteln und Salz in einem Mixer oder einer Küchenmaschine grob zu einer klebrigen Masse häckseln.

4. 2 kleine Springformen (oder eine große, maximal 20 Zentimeter Durchmesser) mit Kokosfett einfetten. Für den Boden die Nuss-Dattel-Masse hineinpressen und mit einem Löffel glatt streichen.

5. Den Erdbeermix darüberlöffeln und die Kuchen mindestens 6 Stunden tiefkühlen.

6. Mit Heidelbeeren, Erdbeerhälften oder anderen Fruchtscheiben garnieren.

Variieren Sie einfach das Rezept immer wieder auch mit anderen Früchten, z.B. Brombeeren, Himbeeren, Heidelbeeren. Wer es exotischer mag, probiert mal Mango oder Passionsfrucht.

ROHKÖSTLICHE EISKREATIONEN

ZUTATEN FÜR 2 PERSONEN

⏱ 10 Min. + 6 Std. Kühlzeit

Für das Matchaeis

4 reife Bananen
1 EL Matchapulver (Kochqualität)
optional 100 ml Pflanzendrink

Für das Mangoeis

4 reife Bananen
200 g Mangostücke
(oder Mangomark)
optional 100 ml Pflanzendrink

Für das Heidelbeereis

4 reife Bananen
200 g Heidelbeeren
optional 100 ml Pflanzendrink

ZUBEREITUNG MATCHAEIS

1. Bananen schälen, in Stücke schneiden und in einem Gefrierbeutel oder einer Dose für mindestens 6 Stunden einfrieren.

2. Bananen mit Matchapulver und nach Wunsch mit Pflanzendrink in einem leistungsstarken Mixer pürieren, bis die gewünschte Konsistenz erreicht wird.

ZUBEREITUNG MANGOEIS

1. Bananen- und Mangostücke für mindestens 6 Stunden einfrieren. Wenn Mangomark benutzt wird, dieses nicht einfrieren, sondern im Kühlschrank kalt stellen.

2. Alle Zutaten in einem leistungsstarken Mixer pürieren, bis die gewünschte Konsistenz erreicht wird. Durch die Zugabe des Pflanzendrinks kann die Konsistenz beeinflusst werden.

ZUBEREITUNG HEIDELBEEREIS

1. Bananenstücke und Heidelbeeren für mindestens 6 Stunden einfrieren.

2. Alle Zutaten in einem leistungsstarken Mixer pürieren, bis die gewünschte Konsistenz erreicht wird. Durch die Zugabe des Pflanzendrinks kann die Konsistenz beeinflusst werden.

Sie können auch direkt Tiefkühlbeeren nutzen oder Ihr Eis mit anderen Beeren variieren.

ROTE-BETE-KOHLRABI-CARPACCIO

ZUTATEN FÜR 2 PERSONEN
⏳ 20 Min.

2 große Knollen Rote Bete
1 großer Kohlrabi
Saft von ½ Zitrone
1 EL Olivenöl
½ TL Thymian
(gerebelt oder frisch gehackt)
1 Orange

ZUBEREITUNG

1. Rote Bete und Kohlrabi schälen, in hauchdünne Scheiben schneiden und abwechselnd auf einem Teller anrichten.

2. Mit Zitronensaft, Olivenöl und Thymian verfeinern.

3. Orange schälen und filetieren, Orangenstücke auf dem Carpaccio anrichten.

Auch in Kombination mit rohen Pilzen (z.B. Seitlingen oder Champignons) schmeckt das Gericht gut. Nicht alle Pilze dürfen roh gegessen werden!

OVERNIGHT-SUPERFOODS-OATS

ZUTATEN FÜR 2 PERSONEN
⏳ 5 Min. + 8 Std. Einweichzeit

80 g Haferflocken
¼ l Haferdrink
oder Vanille-Haferdrink
3 EL Sojajoghurt
1-2 EL Chiasamen
½ EL Macapulver
1 TL Vanillepulver oder Bourbon-Vanille
1 Messerspitze Zimtpulver
Reissirup oder Agavendicksaft
zum Süßen

1. Die Zutaten miteinander vermischen und über Nacht in einem geschlossenen Gefäß, z.B. einem Einmachglas, im Kühlschrank ruhen lassen.

2. Am nächsten Morgen erneut alles gut umrühren und mit dem gewünschten Topping garnieren, z.B. Gojibeeren, Bananen, Heidelbeeren (oder andere Beeren), angeröstete Nüsse etc., ganz nach Geschmack.

Eignet sich ganz hervorragend zum Mitnehmen ins Büro!

10. ÜBER DEN TELLERRAND: VEGAN LEBEN

Vegan zu leben bedeutet mehr, als sich »nur« vegan
zu ernähren. In vielen weiteren Lebensbereichen benutzt
man üblicherweise Produkte, die häufig tierische Inhaltsstoffe aufweisen oder an Tieren getestet wurden.
Wer konsequent vegan leben möchte, sollte mit einem Blick
in den Kleiderschrank starten.

ÜBER DEN TELLERRAND: VEGAN LEBEN

Wenn Sie dieses Buch bis hierhin gelesen haben, so haben Sie eine Menge über die vegane Ernährung gelernt – doch eine vegane Lebensweise bedeutet viel mehr, als sich »nur« vegan zu ernähren. Möchten Sie nun konsequent auf tierische Produkte verzichten, sollten Sie einige weitere Lebensbereiche außerhalb Ihrer Ernährung einmal kritisch unter die Lupe nehmen. Angefangen bei Kleidung, Kosmetik, Medikamenten und Putzmitteln bis hin zu Versicherungen – fast überall werden tierische Inhaltsstoffe verwendet, werden Tiere benutzt oder kommen zu Schaden. Tatsächlich ist es quasi unmöglich, sein Leben so zu führen, dass niemals ein Tierleid verursacht wird. Laufen Sie über eine Wiese oder fahren Sie mit dem Auto, werden z.B. Insekten dadurch ungewollt getötet. Es ist aber immerhin möglich, sein eigenes Leben so auszurichten, dass man möglichst wenig Schaden an Tieren, Umwelt und Klima verursacht. In den folgenden Bereichen können Sie selbst unmittelbar etwas dafür tun.

VERSTECKTE TIERISCHE STOFFE – FAST ÜBERALL

Wollen Sie ganz konsequent auf tierische Inhaltsstoffe verzichten, reicht ein kurzer Blick auf die Inhaltsliste häufig nicht aus. Nicht nur in Getränken sind tierische Produkte versteckt: Aroma vom Wild oder tierisches Lab in Chips, Cystein (ein Hilfsstoff, der dafür sorgt, dass der Teig weniger verklebt) aus Schweineborsten in Backwaren, Läuse in Lippenstiften und viele weitere – sie alle müssen entweder gar nicht deklariert werden oder werden häufig schlichtweg nicht eindeutig deklariert. Hersteller sind nicht dazu verpflichtet, Inhaltsstoffe, die weniger als fünf Prozent vom Gesamtprodukt ausmachen, in der Liste aufzuführen. Verbraucherorganisationen fordern eine klare Kennzeichnung von tierischen Stoffen in Lebensmitteln, und immer mehr Hersteller stellen tatsächlich auf rein pflanzliche Zusammensetzungen um. Im Zweifel helfen Internetdatenbanken oder eine direkte Anfrage beim Hersteller, um zu klären, ob ein Produkt vegan ist oder nicht.

Sie werden erstaunt oder gar geschockt sein, wie lang die Liste der versteckten tierischen Stoffe tatsächlich ist. Gerade bei Backwaren wird man leicht fündig: Backbleche werden oft mit tierischem Fett bestrichen. Viele Brote und Brötchen enthalten Ei, Milch, Butter oder andere tierische Stoffe, Brezeln oftmals Schweineschmalz und in Sauerteig kann Milchsäure enthalten sein. Raffinierter Zucker enthält häufig Tierkohle, Senf kann Weinessig oder Molke enthalten, Oliven Milchzucker, Magarine Fischöl oder Rindertalg und in Gemüsebrühe kann Glutamat aus tierischem Ursprung stecken. Außerdem sind viele Zusatzstoffe (E-Stoffe) tierischen Ursprungs, beispielsweise einige Aromen und Farbstoffe. Viele Produkte sind zudem mit Bienenwachs überzogen (z.B. Fruchtgummi, bisweilen aber selbst Kaffeebohnen).

Leider finden sich auch in vielen weiteren Produkten abgesehen von Lebensmitteln versteckte tierische Stoffe, vor allem in Kosmetik, Kleidung, Putzmitteln und Medikamenten. Egal ob Sie sich ein Tattoo stechen lassen, Fotos entwickeln oder Kondome benutzen: Fast immer sind tierische Produkte enthalten. Zum Glück gibt es meistens auch eine rein pflanzliche Alternative. Übrigens enthalten viele Verpackungen oder Etiketten sehr häufig tierische Produkte, z.B. einen Kleber aus Kasein (Milchprotein). Gar nicht so einfach also, sich immer hundertprozentig sicher sein zu können.

KLEIDUNG

Wenn Sie einen Blick in Ihren Kleiderschrank oder Ihr Schuhregal werfen, werden Sie vermutlich sehr schnell fündig: Lederschuhe, Gürtel und Taschen, Wollpullover, Seidenhemden oder vielleicht sogar Pelz – selbst wenn dieser auf Anhieb nicht zu entdecken ist, denn in vielen Kleidungsstücken wird Pelz verarbeitet, ohne allzu offensichtlich ins Auge zu springen, z.B. an Mantelkrägen.

Vielleicht werden Sie von Freunden zu hören bekommen, dass Schafe sowieso Wolle produzieren und dass die Tiere, von denen Leder oder Pelz gewonnen wird, ohnehin bereits für die Nahrungsmittelindustrie getötet wurden – und man somit letztlich nur konsequent das »gesamte Tier nutze«. Eine Aussage, die sehr schnell zu widerlegen ist. Vielen Wollschafen werden bei vollem Bewusstsein große Fleischstücke aus dem Hinterteil geschnitten, um die Hautfalten zu glätten und somit Parasitenbefall zu verhindern. Und für die Pelz- und Lederindustrie werden Tiere ganz gezielt gezüchtet und getötet – selbst in Deutschland gibt es Pelzfarmen, auf denen die Tiere in engen Käfigen gefangen gehalten werden. Eine Internetsuche wird Ihnen hierzu eine Menge schockierender Bilder und Videos liefern. Fakt ist, dass für unsere Kleidung Millionen von Tieren jährlich getötet werden, und auch das ist völlig unnötig, denn es gibt eine Menge Alternativen, die ganz ohne Tierleid auskommen.

WAS KANN MAN ALS VEGANER DENN DANN NOCH ANZIEHEN?

Baumwolle, Hanf, Leinen, Elastan, Polyester, Nylon, Kork, Kunstwolle und Kunstleder, Mikrofaser, Fleece oder Bambus sind einige Beispiele für alternative Materialien, aus denen Kleidung und Taschen hergestellt werden können. Leider ist nicht immer auf Anhieb zu erkennen, ob ein Kleidungsstück tatsächlich ohne tierische Stoffe produziert wurde. Jeanshosen können zwar (fast) zu 100 Prozent aus Baumwolle hergestellt sein, haben aber zumeist ein Lederpatch auf der Rückseite – nur wenige Unternehmen wie z.B. bleed organic clothing benutzen alternative Materialien dafür wie Kork oder Polyurethan. Viele Schuhe werden mit einem Kleber aus Kasein oder Knochenleim geklebt, auch das ist mit bloßem Auge nicht zu erkennen, sondern wird nur über eine Herstelleranfrage herauszufinden sein. Die gute Nachricht ist: Eine zunehmende Zahl an Herstellern verzichtet bei der Produktion auf tierische Stoffe und stellt Kleidung her, die nicht weniger schön oder haltbar ist.

Ich möchte Ihnen außerdem ans Herz legen, möglichst darauf zu achten, dass die Kleidung aus Biostoffen besteht, die fair hergestellt wurden, denn so verringern Sie einerseits die Ausbeutung von Menschen in den »Sweatshops« (Ausbeutungsbetrieben) Asiens und die starke Belastung der Umwelt durch den Einsatz von Chemikalien auf Baumwollfeldern, in Produktionsstätten oder Färbereien gleichermaßen. Achten Sie deshalb auf Fair-Trade-Label oder solche, die für eine ausschließliche Verwendung von Biostoffen stehen. Neben dem Fair-Trade-Siegel ist besonders das GOTS-Siegel (»Global Organic Textile Standard«) Garant für eine faire Herstellung und Biostoffe. Natürlich ist Kleidung, die aus Ökostoffen hergestellt wurde, teurer als Billigkleidung aus den Sweatshops. Doch der Kauf lohnt sich für Umwelt, Tiere und Menschen. Versuchen Sie doch einfach seltener, dafür aber gezielter Kleidungsstücke zu kaufen, die diese Kriterien erfüllen – Sie werden sich darin besser fühlen. Sie bekommen diese Kleidung übrigens nicht nur im Internethandel, sondern zunehmend auch in Ökomodegeschäften – teilweise bieten diese sogar ausschließlich vegane Kleidung an. Wie Sie mit Ihren nicht-veganen Kleidungsstücken verfahren, die noch im Schrank hängen, ist persönliche Ermessenssache. Die meisten Neu-Veganer tragen diese auf, kaufen aber nur noch tierfreie Kleidung nach.

KOSMETIK

Ein weiterer Bereich, in dem es etwas schwieriger ist, auf Produkte zu verzichten, die tierische Inhaltsstoffe aufweisen und/oder an Tieren getestet wurden, sind Kosmetikprodukte. Sie dürften überrascht sein, in wie viel Kosmetik Tierisches enthalten ist. So werden zur Herstellung von Seife häufig Tierkadaver verkocht, Rasierpinsel oder Bürsten aus Pferdehaaren und Schweineborsten hergestellt oder Cremes Lanolin hinzugefügt, das aus Schafwolle gewonnen wird. Viele für den Laien unbekannte Inhaltsstoffe sind tierischer Natur. Und selbst wenn ein Produkt ohne tierische Inhaltsstoffe produziert wurde, heißt das leider nicht, dass das Produkt selbst oder die darin enthaltenen Stoffe nicht an Tieren getestet wurden. Millionen von Tieren sterben alleine in Deutschland jedes Jahr bei Tierversuchen, während die Übertragbarkeit der Ergebnisse auf den Menschen von vielen Experten stark bezweifelt wird.

Auch beim Einkauf von Kosmetik helfen Siegel, die entweder dafür stehen, dass keine tierischen Produkte enthalten sind oder auf Tierversuche verzichtet wurde – bestenfalls sogar beides.

Ansonsten geben zahlreiche Internetdatenbanken genaue Auskunft zum Thema und listen Produkte auf, die man bedenkenlos kaufen kann (Anhang S. 194f.). Es lohnt sich zudem, auf Bioqualität zu achten und damit nicht nur Ihrer Haut einen großen Gefallen zu tun. Tierleidfreie Naturkosmetik bekommen Sie inzwischen in großer Bandbreite und toller Qualität im Bioladen, im veganen Handel, in Naturkosmetikläden oder auch im Drogeriemarkt.

PUTZMITTEL UND HYGIENEARTIKEL

In konventionellen Wasch- und Putzmitteln stecken Chemikalien, die nicht nur die Umwelt belasten, sondern sehr häufig auch zuvor an Tieren getestet wurden. Glücklicherweise gibt es auch hier ein immer größeres Angebot an sinnvollen Alternativen, die ihren Job nicht minder gut erledigen. Hergestellt werden diese häufig auf Grundlage von Kokos-, Soja- oder Rapsöl. Zudem kann man viele Putzmittel durch einfache Hausmittel wie Zitronensäure oder Essig ersetzen. Gütesiegel helfen hier ebenso bei der Suche weiter wie zahlreiche Internetdatenbanken zum Thema. Generell sollte man deutlich sparsamer dosieren.

UND SONST?

Sie können auch durch die Wahl des Stromanbieters oder Ihrer Versicherung dazu beitragen, Tierleid zu reduzieren. Gerade Ökostromanbieter achten mehr oder weniger stark darauf, dass Tiere und Umwelt bei der Energiegewinnung keinen Schaden nehmen. Überlassen Sie lieber solchen Instituten Ihr Geld, die damit nachhaltige Projekte unterstützen statt Atomkraft, Nahrungsmittelspekulation oder Tierversuche. Beraten lassen können Sie sich bei unabhängigen Beratern wie z.B. FIBUR (www.fibur.de).

Sie haben Haustiere? Auch hier gilt wie so häufig: Ermessenssache, ob Sie diese vegan ernähren möchten oder nicht. Bei Hunden ist eine solche Ernährungsweise unproblematisch (der Autor selbst kann von persönlichen positiven Erfahrungen berichten), bei Katzen – die reine Fleischesser sind – scheint dieses schwieriger zu sein. Veganes Tierfutter bekommen Sie im veganen Handel oder manchmal auch im Bioladen (z.B. das vegane Futter von Yarrah).

Ein weiteres schwieriges Thema: Leider sind sehr viele Medikamente nicht vegan oder tierversuchsfrei, auch hier hilft nur eine Internetrecherche, auch wenn sich nicht für alle Medikamente passende Alternativen finden lassen.

Ganz sicher gibt es noch viele weitere Bereiche, in denen es nicht so offensichtlich ist, dass Tiere oder Umwelt dafür leiden müssen. Letztlich tragen Sie aber mit all Ihren Konsumentscheidungen dazu bei, dass zukünftig der Anteil der fair und nachhaltig produzierten Güter immer größer wird und der Anteil solcher, für die Tiere und Umwelt leiden müssen, immer geringer.

EINIGE GEDANKEN ZUM SCHLUSS

Sie haben nach der Lektüre dieses Buches hoffentlich neben tollen Rezepten auch eine Reihe wertvoller Informationen und Anregungen, im besten Falle eine große Portion Motivation erhalten. Vielleicht haben sich auch einfach ein paar bestehende Vorurteile in Luft aufgelöst, und das Buch konnte Ihr Interesse wecken, sich weiter mit dem Thema zu beschäftigen.

Sich vegan zu ernähren oder komplett vegan zu leben ist weder Dogma noch Wettbewerb. Es gibt kein »ganz oder gar nicht«. Sie alleine entscheiden, wie weit Sie gehen möchten und wie viel von dem hier Gelesenen Sie im Alltag umsetzen möchten. Sich vegan zu ernähren oder zu leben ist – das hat hoffentlich die Lektüre gezeigt – ganz sicher weder extrem, oder schwierig, noch von Verzicht bestimmt, noch teuer. Und schon gar nicht ungesund, wenn man sich ausgewogen vegan ernährt. Nicht wenige, mich eingeschlossen, ärgern sich darüber, sich nicht früher mit dem Thema auseinandergesetzt zu haben – weil sie sich seit dem Umstieg körperlich besser fühlen und gesünder sind, Spaß am Kochen gewonnen haben, neue Lieblingsgerichte entdeckt und einfach ein besseres Gewissen haben.

Doch Sie sollten sich nicht ärgern! Eine solche Umstellung ist ganz sicher keine leichte Entscheidung, die man ganz spontan trifft und umsetzt. Auf jeden Fall muss man bereit sein, sich mit dem Thema auseinanderzusetzen, sich zu informieren und Neues auszuprobieren. Doch es lohnt sich, und so könnten auch Sie vielleicht bald zu der stark wachsenden Zahl von Menschen gehören, die davon überzeugt ist, dass vegan zu leben ein großer Gewinn ist und vermutlich eine der besten Entscheidungen, die Sie je getroffen haben. Am Ende des Tages bleibt die Frage: Warum sollte ich etwas essen oder benutzen, wofür Tiere sterben mussten, Umwelt und Klima leiden und das gleichzeitig meiner Gesundheit nicht guttut, wenn es doch so viele gute Alternativen gibt, auf die all das nicht zutrifft?

Mit jeder veganen Mahlzeit helfen Sie, dass weniger Tiere sterben müssen – egal ob Sie nun den ganzen Weg gehen möchten oder erst mal ein paar Schritte. Dass Sie dieses Buch gekauft haben, war vielleicht ein erster wichtiger Schritt in die richtige Richtung. Wer weiß, vielleicht folgen ja noch viele weitere. Vielen Dank dafür!

DER VEGANE VORRATSSCHRANK

Selbstverständlich müssen Sie nicht alle hier aufgelisteten Produkte stets im Hause haben, aber die Liste soll Ihnen zeigen, wie vielfältig eine vegane Ernährung ist. Die folgenden Produkte sind bei mir zumindest regelmäßiger Gast im Vorrats- oder Kühlschrank. Achten Sie darauf, Obst und Gemüse richtig zu lagern, denn die unterschiedlichen Sorten bevorzugen durchaus unterschiedliche Temperaturen – manche bevorzugen den Kühlschrank, andere werden am besten bei Raumtemperatur gelagert. Äpfel oder Birnen sollten beispielsweise alleine gelagert werden, da diese Reifegase entwickeln – daneben liegendes Obst verdirbt so schneller.

AUF DER FENSTERBANK

Kräuter wie Basilikum, Minze, Kresse, Oregano, Rosmarin, Petersilie, Thymian, Schnittlauch, Dill, dazu Sprossen (z.B. aus Eigenaufzucht)

BASIC-GEMÜSE

Brokkoli, Blumenkohl, Kohlrabi, Weißkohl, Radieschen, Kartoffeln, Süßkartoffeln, Lauch, Möhren, Topinambur, Schalotten, Zwiebeln, Frühlingszwiebeln, Ingwer, Rosenkohl, Kürbis, Pastinaken, Mangold, Grünkohl, Wirsing, Rote Bete, Rotkohl, Steckrüben, Spinat, Fenchel, Spargel, Paprika, Aubergine, Tomaten, Gurken, Zucchini

BASIC-OBST

Banane, Apfel, Ananas, Kiwi, Zitrone, Orange, Limette, Heidelbeeren, Erdbeeren, Himbeeren, Brombeeren, Grapefruit, Mandarinen, Pfirsich, Granatapfel, Pflaume, Trauben, Birne, Avocado

BASIC-TROCKENGEWÜRZE

Meersalz, Steinsalz, Kala Namak, Pfeffer aus der Mühle, Hefeflocken, Curry- und Paprikapulver, Gemüsebrühe, Koriander, Kurkuma, Knoblauch, Oregano, Kreuzkümmel, Ingwer, Vanillepulver, Rosmarin, Muskatnuss, Lorbeerblätter, Majoran, Thymian, Senfsamen, Wacholderbeeren

BINDE- UND GELIERMITTEL

Speisestärke, Kichererbsenmehl, Johannisbrotkernmehl, Agar-Agar, Guarkernmehl, Pfeilwurzelmehl, Sojamehl

BROTBELAG

Vegane Brotaufstriche und vegane Wurst, Erdnussmus, Kokosmus

EXTRAS ZUM BACKEN

Ei-Ersatzpulver, Agar-Agar, vegane Bitterkuvertüre, Bitterschokolade, Puderzucker, Sahnesteif, Backpulver, Hefe, Backferment, Roggensauerteig

FÜR DIE ASIATISCHE KÜCHE

Wasabi-Paste, helle Sojasauce, Currypaste, Sojasprossen, Soba-Nudeln, Glasnudeln, Nori-Algen, Chilisauce

GETREIDE & PSEUDOGETREIDEPRODUKTE

Bulgur, Buchweizen, Vollkornhaferflocken, Linsen, Quinoa, Dinkel, Hirse, Couscous, Polenta, Amaranth, Vollkorn- und Basmatireis, Nudeln (aus Hartweizen/Reis/Dinkel), Soja-, Roggen-, Dinkel-, Weizenmehl, Dinkelvollkorngrieß, Reiswaffeln, gepoppter Amaranth

GETROCKNETE FRÜCHTE UND GETROCKNETES GEMÜSE

Getrocknete Tomaten, Datteln, Pflaumen, Feigen, Rosinen, Cranberrys

HÜLSENFRÜCHTE

Erbsen, grüne Bohnen, Zuckerschoten, Kichererbsen, Linsen, Sojabohnen, Mungbohnen, Adzukibohnen

TIEFKÜHLPRODUKTE

Blätterteig, TK-Früchte, TK-Gemüse, TK-Kräuter (-mischungen)

KÄSE

Veganer Scheibenkäse, Frischkäse, Mozzarella und Pizzakäse

KERNE, NÜSSE & MUS

Sonnenblumen-, Kürbis-, Pistazienkerne, Leinsamen, Hasel-, Para-, Macadamia-, Cashew- und Walnüsse, Mandeln, Pinienkerne, Sesam, weißes Mandelmus, Erdnussmus, Haselnussmus, Cashewmus, Mandelpüree, Tahin

ÖL, FETTE, ESSIG

Sonnenblumenöl, Olivenöl nativ extra, Kokosöl, Rapsöl, Leinöl, Hanföl, Sesamöl, pflanzliche Margarine, pflanzliche Butter (z.B. Alsan), Kokosfett, Weißweinessig, Rotweinessig, Aceto balsamico

PFLANZENMILCHPRODUKTE

Nuss- oder Mandelmilch, Soja-, Reis-, Hafer-, Dinkelmilch (in vielen Varianten), Soja-, Reis-, Hafer-, Dinkelsahne (nach Geschmack), Sojajoghurt natur und Vanille

PILZE

Champignons, Austernpilze, Steinpilze, Pfifferlinge, Seitlinge, Shiitake

PRAKTISCH AUS DER KONSERVE

Mais, Tomaten (getrocknet/passiert/stückig), Gewürzgurken, Kapern, Kidneybohnen, vorgekochte Kichererbsen, Oliven

SALATE

Kopfsalat, Rucola, Feldsalat, Chicorée, Postelein, Lollo rosso, Eichblattsalat, Radicchio

SUPERFOODS/SPECIALS

Gojibeeren, Algen (getrocknet oder als Pulver), Chiasamen, Maulbeeren, Macapulver, Matchatee, Kakao, Vanille

SÜSSUNGSMITTEL

Agavendicksaft, Agavensirup, Reissirup, Rohrzucker, Vanillezucker, Stevia

TOFU & CO.

Naturtofu, Räuchertofu, gewürzter Tofu, Seidentofu, Seitan, Tempeh, Sojaschnetzel, Sojamedaillons, Sojawürfel, Sojahack, Lupinenprodukte

WÜRZPRODUKTE

Tomatenmark, Senf, Essig, Sojasauce, Chilis, Ketchup, Mayonnaise ohne Ei, Worcestersauce

WILDKRÄUTER

Bärlauch, Löwenzahn, Giersch, Brunnenkresse, Sauerampfer

NÄHRSTOFFE

Es erfordert ein großes Ernährungswissen, um sich sicher zu sein, alle benötigten Nährstoffe in der richtigen Menge zu bekommen. Vielen ist es zu kompliziert und aufwendig, bei der Zusammenstellung des Speiseplans allzu genau darauf zu achten, und in der Regel reicht es tatsächlich, auf eine ausgewogene und abwechslungsreiche Ernährung zu achten. Wer sich trotzdem fragt, in welchen Lebensmitteln bestimmte Nährstoffe in hoher Menge vorkommen, dem sollen die folgenden Seiten eine Hilfe darstellen. Natürlich erhebt diese Liste keinen Anspruch auf Vollständigkeit, sondern ist als Aufzählung von Beispielen zu verstehen.

BALLASTSTOFFE
Buchweizen, Gemüse, Hafer, Hirse, Gerste, Mais, Obst, Roggen, Trockenobst, Vollkornbrot, Vollkornreis, Wurzelgemüse

EISEN
Algen, Bierhefe, Getreide, Trockenfrüchte, grünes Gemüse, Haferflocken, Hirse, Hülsenfrüchte, Kürbiskerne, Mandeln, Rosinen, Sesam, Sonnenblumenkerne, Vollkornprodukte

EIWEISS
Avocados, Bierhefe, Getreideprodukte, Hülsenfrüchte, Kartoffeln, Kürbiskerne, Nüsse, Sesam, Tofu, Sonnenblumenkerne, Spinat

FETTE
Avocados, Nüsse, Öl

JOD
Algen, angereichertes Salz

KALIUM
Fruchtsäfte, Gemüse, Kartoffeln, Obst, Soja

KALZIUM
Mohn, Hanfsamen, Sesam, Mandeln, Haselnüsse, Amaranth, Paranüsse, Sojabohnen, Grünkohl, Petersilie, Feigen, Löwenzahn, Sonnenblumenkerne

KOHLENHYDRATE
Gemüse, Gerste, Getreideprodukte, Hirse, Hülsenfrüchte, Hummus, Kartoffeln, Mais, Naturreis, Nüsse, Obst, Quinoa, Vollkornmüsli, Vollkornnudeln, Vollkornreis

MAGNESIUM
Hefeextrakt, Nüsse, Soja, Vollkorngetreide, Weizenkeime

OMEGA-3-FETTSÄUREN
Lein-, Hanf-, Walnussöl, Walnüsse, Leinsamen, Chiasamen

SEKUNDÄRE PFLANZENSTOFFE
Hülsenfrüchte, Getreide, grünes Blattgemüse, Kohl, Tomaten, Zitrusfrüchte

SELEN
Nüsse, Samen, Vollkornprodukte, Bananen, Sojabohnen

VITAMIN A
Getrocknete Aprikosen, Birnen, Brokkoli, Brunnenkresse, Erbsen, Grünkohl, Kohl, Kopfsalat, Kürbis, Mangos, Möhren, Orangen, Petersilie, Rosenkohl, Spinat, Tomaten

VITAMIN B1
Avocados, Erdnüsse, grünes Blattgemüse, Haferschrot, Hülsenfrüchte, Kartoffeln, Nüsse, Pilze, Vollkornprodukte

VITAMIN B2
Mandeln, Kürbiskerne, Sesam, Kokosraspel, Avocados, Bananen, Brokkoli, Erbsen, Feigen, Hefeflocken, Kohl, Spargel, Tofu

VITAMIN B6
Aprikosen, Avocados, Bananen, Bohnen, Erdnüsse, Grünkohl, Kartoffeln, Johannisbeeren, Linsen, Pilze, Rosenkohl, Spinat, Vollkornprodukte, Weizenkeime

VITAMIN B12
Nahrungsergänzungsmittel in Form von Tabletten, Tropfen oder Spray, angereicherte Lebensmittel wie Sojadrinks, angereicherte Zahnpasta (z.B. Santé B12)

VITAMIN C
Grünes Gemüse, Johannisbeeren, Kartoffeln, Kiwis, Kohl, Mangos, Paprika, Steckrüben, Tomaten, Zitrusfrüchte

VITAMIN D2
Avocados, Margarine, Pilze, angereicherter Sojadrink, Sonnenlicht

VITAMIN E
Grünes Gemüse, Hülsenfrüchte, Nüsse, pflanzliche Öle, Samen, Tofu, Vollkornprodukte, Weizenkeime

VITAMIN K
Blumenkohl, Getreide, grünes Blattgemüse, Spinat, Kohl, Brokkoli, Hülsenfrüchte

ZINK
Vollkornhaferflocken, Amaranth, Dinkel, Hirse, Linsen, Erbsen, Sojabohnen, Kürbiskerne

Sehr detaillierte Informationen zu Nährstoffen finden Sie u.a. beim Vegetarierbund Deutschlands (www.vebu.de/gesundheit/naehrstoffe) oder bei High Five Vegan (highfive-vegan.org).

AUSTAUSCHTABELLE

	TIERISCHES PRODUKT	PFLANZLICHE ALTERNATIVE
Fleischersatz-produkte	Würstchen	Tofu-, Seitan- oder Lupinenwürstchen, z.B. von Wheaty oder Alberts
	Schnitzel oder Steaks	Soja-, Lupinen- oder Seitanschnitzel, z.B. von Provamel oder Alberts
	Wurstaufschnitt	Veganer Wurstaufschnitt, vegane Brotaufstriche
	Leberwurst und Schmalz	Vegane Alternativen, z.B. von Tartex oder Eden
	Gulaschfleisch	Sojawürfel oder Seitan
	Hackfleisch	Sojahack, zerbröselter Tofu, Sojaschnetzel
	Hähnchenfleisch	Seitanprodukte, z.B. »Mock Duck« aus dem Asialaden
	Speck	Räuchertofu oder veganer Bacon von Vantastic Foods
	Fisch	Vegane Fischprodukte, z.B. von Vantastic Foods
	Thunfisch	Veganer Thunfisch, z.B. von Vantastic Foods
Milchprodukte	Kuhmilchsahne	Soja-, Hafer-, Mandel-, Reis- oder Kokossahne, z.B. von Soyatoo
	Butter	Margarine, z.B. von Alsan oder Sojola
	Milch (allgemein)	Nuss- oder Mandelmilch, Soja-, Reis-, Hafer-, Hanf- oder Dinkelmilch (in vielen Varianten), Kokosmilch
	Kaffeeweißer/ Kondensmilch	Vegane Produkte, z.B. von LeHa oder Vantastic Foods
	Sahne	Soja-, Reis-, Hafer-, Dinkelsahne (nach Geschmack)
	Buttermilch	1 EL Zitronensaft oder Apfelessig auf 250 g Sojajoghurt geben und für 10 Minuten durchziehen lassen
	Joghurt	Sojajoghurt, z.B. von Provamel oder Sojade
	Quark oder saure Sahne	Vegane Alternativen, z.B. von Soyananda oder Joya. Quark kann man selbst herstellen, indem man Sojajoghurt für ein paar Stunden in einem Sieb abtropfen lässt.
	Scheibenkäse	Veganer Scheibenkäse, z.B. von Wilmersburger oder Dayia
	Pizzakäse	Veganer Pizzakäse, z.B. von Veganic oder selbst gemachter Hefeschmelz
	Parmesankäse	Veganer Parmesankäse, z.B. von Sister River Foods
	Feta	Veganer Feta auf Tofubasis, z.B. VeggiBelle von Nagel oder Philosophen-Tofu von Lord of Tofu
	Mozzarella	Veganer Mozzarella, z.B. von Bute Island

Eierprodukte	Ei	- Ei-Ersatzpulver von 3Pauly oder Organ No egg
		
		1 Ei zur Bindung kann außerdem durch
		  - 2 EL Sojamehl + 2 EL Wasser oder
		  - 1 zerdrückte reife Banane oder
		  - 1 EL Leinsamen + 3 EL Wasser oder
		  - 80 g Apfelmus
		ersetzt werden.
		
		1 Ei zur Auflockerung kann außerdem durch
		  - 2 EL Speisestärke + 2 EL Wasser
		   + 1 TL Backpulver (alles aufschlagen)
		ersetzt werden.

	Eiweiß, Eigelb	Spezialprodukte von MyEy
	Mayonnaise	Mayonnaise ohne Ei, z.B. von Vitam oder Vantastic Foods
Sonstiges	Gelatine/Bindemittel	Agar-Agar, Carrageen, Apfelpektin, Pfeilwurzelmehl, Kuzu, Johannisbrotkernmehl, Guarkernmehl
	Zucker	Vollrohrzucker, Fruchtzucker, Ahornsirup, Agavendicksaft, Apfelsüße, Stevia
	Milchschokolade	Zartbitterschokolade oder Schokolade auf Reis- oder Sojadrinkbasis, z.B. von Viana
	Süße Aufstriche	Erdnussbutter, Zartbitteraufstriche, Nussmus, zahlreiche vegane Aufstriche im Veganhandel
	Honig	Löwenzahnhonig, Weißdornblütensirup, Schafgarbenblütensirup, Apfel- und Birnendicksaft
	Milcheis	Eis auf Soja-, Reis-, Lupinen- oder Kokosbasis
	Rinder-/Hühnerbrühe	Gemüsebrühe
	Backwarendekorationen	Vegane Produkte, z.B. von Biovegan

INFOSEITEN

INFOSEITEN & BLOGS

ALBERT SCHWEITZER STIFTUNG FÜR UNSERE MITWELT
» albert-schweitzer-stiftung.de

ANIMAL.FAIR
» animalfair.at

BUND FÜR VEGANE LEBENSWEISE
» vegane-lebensweise.org

DER FLEISCHATLAS
Zahlen und Fakten
» bund.net

GLEICHKLANG
Alternative Kennenlernplattform
» gleichklang.de

HAPPY COW
Restaurantsuche
» happycow.net

HIGH FIVE VEGAN
» highfive-vegan.org

KOCHEN OHNE KNOCHEN
Infoportal & Magazin
» kochenohneknochen.wordpress.com

KRITISCHES ZUM THEMA FISCH
» fischen-tut-weh.de

KRITISCHES ZUM THEMA MILCH
» milch-den-kuehen.de

NIX WIE VEG DATENBANK
Lebensmitteldatenbank
» nixwieveg.de

PETA 2 AKTIVISTENGUIDE
» peta2.de/web/aktivisten_guide.1151.html

PETA 2 EINKAUFSGUIDE
» peta2.de/web/einkaufs-guide.401.html

PETA 2 ELTERNGUIDE
» peta2.de/web/elternguide.801.html

PETA 2 GESUND VEGAN GUIDE
» peta2.de/web/gesundheits-guide.846.html

PETA RESTAURANTFÜHRER
» peta.de/restaurants

PETA SHOPPING GUIDE
» peta.de/shoppingguide

PETA2 STREETTEAM
» peta2.de/web/rise_resist.1256.html

POSITIONSPAPIER DER ADA
» vebu.de/gesundheit/studien/174-positions-papier-ada-vegetarische-ernaehrung

PROVEGAN
Zahlen & Fakten
» provegan.info

REZEPTEFUCHS
Produktdatenbank & Rezepte
» rezeptefuchs.de

REGIONALGRUPPEN DES VEBU
» vebu.de/vebu/regional-gruppen

VEBU-RESTAURANTFINDER
Restaurantsuche
» vebu.de/restaurants

VEGAN INFOPORTAL
» vegan.eu

VEGANE GESELLSCHAFT DEUTSCHLAND
» vegane-gesellschaft.org

VEGANBLOG VON PETA
» veganblog.de

VEGAN.DE FORUM
» vegan.de/foren

VEGETARIERBUND
» vebu.de

30 TAGE VEGGIE SCHNUPPERKURS VOM VEGETARIERBUND
» vebu.de/einstieg/30-tage-veg-gie-schnupperkurs

VEGGIEFINDER
» veggiefinder.de

VEGGIE HOTELS
Vegetarische und vegane Hotels
» veggie-hotels.de

VEGGIE BUDDY
Einstiegshilfe
» vebu.de/einstieg/veggie-buddy

VEGGIE COMMUNITY
Austauschen
» veggiecommunity.org/de

VEGPOOL
Infoportal
» vegpool.de

VEGGIE RADIO
» veggieradio.de

VEGANGUIDE
» veganguide.org

VEGANE LEBENSMITTEL

ALLES VEGETARISCH
Online-Shop
» alles-vegetarisch.de

BEVEGEND
Online-Shop
» bevegend.de

BOUTIQUE VEGAN
Online-Shop für Lebensmittel &
Kosmetik
» boutique-vegan.com

KEIMLING
Rohkost & Superfoods
» keimling.de

KOMO
Küchengeräte wie Mixer etc.
» frischmahlen.de

LIFEFOOD
Rohkost & Superfoods
» lifefood.de

NATURARTEN
Online-Shop für Lebensmittel &
Kosmetik
» naturladen-online.de

PERFEKTE GESUNDHEIT SHOP
Küchengeräte
» perfektegesundheit.de

PETA STORE
Online-Shop
» petastore.de

PURE RAW
Rohkost & Superfoods
» pureraw.de

RADIX
Online-Shop & Laden
» radixversand.de

REFORMHAUS VEGAN SHOP
Online-Shop
» reformhaus-vegan-shop.de

ROOTS OF COMPASSION
Online-Shop & Laden
» rootsofcompassion.org

SMILEFOOD
Online-Shop
» smilefood.de

VEGAN LEBEN
Online-Shop
» www.vegan-leben.com

VEGAN TOTAL
Online-Shop
» www.vegan-total.de

VEGAN WONDERLAND
Online-Shop
» vegan-wonderland.de

VEGANBASICS
Online-Shop
» veganbasics.de

VEGANIC
Online-Shop
» veganic.de

VEGANOTHEK
Online-Shop
» veganothek.de

VEGANSHOP
Online-Shop
» www.veganshop.de

VEGANVERSAND
Online-Shop
» veganversand.at

VEGANZ
Online-Shop & Läden
» veganz.de

VEGANE KLEIDUNG

AVESU
Schuhladen
» avesu.de

BLEED ORGANIC CLOTHING
Kleidungslabel
» bleed-clothing.com

BEYOND SKIN
Schuh-High-Fashion
» beyondskin.co.uk

BÖRD SHÖRT
Kleidungslabel
» boerdshoert.de

DEAR GOODS
Modeladen
» deargoods.com

DENKEFAIR
Accessoires
» denkefair.de

DILLING UNDERWEAR
Unterwäsche
» dilling-underwear.de

FAIRBLEIBEN
Modeladen
» fairbleiben.com

FAIRSTYLED
Online-Shop
» fairstyled.de

GLORE
Ökomodeladen
» glore.de

GÖTTIN DES GLÜCKS
Kleidungslabel
» goettindesgluecks.com

GREENALITY
Online-Shop
» greenality.de

HANSVURST
Shop für vegane Kleidung
» hansvurst.de

HEMP HOODLAMP
Kleidungslabel
» hempworks.nl

LENA SCHOKOLADE
Kleidungslabel
» lena-schokolade.de

MR. NELSON
Kleidungslabel
» mrnelson.de

MUSO KORONI
Online-Shop
» muso-koroni.com

PANTS TO POVERTY
Unterwäsche
» pantstopoverty.com

PEAU ETHIQUE
Kleidungslabel
» peau-ethique.com

PYUA
Kleidungslabel
» pyua.de

RECOLUTION
Kleidungslabel
» recolution.de

ROOTS OF COMPASSION
Online-Shop, u.a. T-Shirts
» rootsofcompassion.org

VAPUS.ORGANICS
Kleidungslabel
» vapus.org

VEGETARIAN SHOES
Schuhe
» vegetarian-shoes.co.uk

VEGGIE SHOES
Schuhe
» vega-trend.de

VEGANE ZEITEN
Schuhladen
» vegane-zeiten.de

WERTVOLL
Ökomodeladen
» wertvoll-berlin.com

VEGANE KOSMETIK

ALVA (U.A. ÜBER ECCO-VERDE ERHÄLTLICH)
Online-Shop
» ecco-verde.de

AMAZINGY
Online-Shop
» amazingy.com

BENECOS
Online-Shop
» s298265843.e-shop.info

ECCO-VERDE
Online-Shop
» ecco-verde.de

FAIRSQUARED
Online-Shop
» fair2.me

FARFALLA
Online-Shop
» farfalla.ch

GREEN GLAM
Online-Shop
» greenglam.de

LAVERA
(u.a. über BioNaturel erhältlich)
Online-Shop
» bio-naturel.de

LUSH
Online-Shop
» lush-shop.de

» KOSMETIK OHNE TIERVER-SUCHE
Positiv-Liste aller Hersteller, die keine Tierversuche durchführen
» kosmetik-ohne-tierversuche.de

KOSMETIK VEGAN
Blog zum Thema Kosmetik
» kosmetik-vegan.de

NAJOBA
Online-Shop
» najoba.de

SANTE/LOGONA
Online-Shop
» shop.logona-and-friends.de

STOP THE WATER WHILE USING ME
Online-Shop
» stop-the-water-while-using-me. com

REZEPTEBLOGS

BBBAKERY
» bbbakery.at

DOC BEARS
» docbears.de

EAT THIS!
» eat-this.org

FOODS & EVERYTHING
» foodsandeverything.wordpress.com

KOCH'S VEGAN
» kochsvegan.de

LAUBFRESSER
» laubfresser.de

MIMI'S CUPCAKES
» mimis-fairycakes.blogspot.de

NANCY'S KITCHEN
» nancyskitchen.de

REBELLION IM UNTERTON
» rebellion-im-unterton.blogspot.de

» REZEPTEFUCHS
» rezeptefuchs.de

SEITAN IS MY MOTOR!
» seitanismymotor.com

SIMPLY VEGAN
» simply-vegan.org

THE LOTUS AND THE ARTICHOKE
» lotusartichoke.com/de

THE VEGETARIAN DIARIES
» vegetarian-diaries.com

TINES VEGANE BACKSTUBE
» tinesveganebackstube.de

TOTALLY VEG!
» Totallyveg.blogspot.de

TWOODLEDRUM
» twoodledrum.de

UMSTEIGER VOM FLEISCH
» dieumsteiger.blogspot.de

VEGAN!
» vegangeniessen.blogspot.de

VEGANGUERILLA
» www.veganguerilla.de

VEGANPASSION
» veganpassion.blogspot.de

VEGAN SEIN
» vegan-sein.de

VEGAN UND LECKER
» vegan-und-lecker.de

VEGGIES
» veggi.es

VEGGIETALE
» veggietale.de

WEITERE VEGAN-BLOGS (AUSWAHL)

»V«ELTENBUMMLER REISEN
» veltenbummler.blogspot.de

ACHTUNG, PFLANZENFRESSER!
» achtungpflanzenfresser.wordpress.com

A VERY VEGAN LIFE
» averyveganlife.de

BEVEGT
Sport
» bevegt.de

CLAUDI GOES VEGAN
» claudigoesvegan.blogspot.de

DER GRASLUTSCHER
» graslutscher.de

DEUTSCHLAND IS(S)T VEGAN
» deutschlandistvegan.de

EIN BISSCHEN VEGAN
» einbisschenvegan.de

FRAU SCHULZ WIRD VEGAN
» frauschulzwirdvegan.blogspot.de

GEMÜSE IST MEIN FLEISCH
» gemuese-ist-mein-fleisch.de

GERMANY GOES RAW
» germanygoesraw.de

THINK VEGAN!
» thinkvegan.de

TOFU FAMILY
» tofufamily.de

VEGANBLATT
» veganblatt.com

VEGGIE LOVE
» veggie-love.de

VEGAN NEWS
» www.vegan-news.de

VEGAN & ROH
» veganundroh.blogspot.de

VISION VEGAN
» visionvegan.blogspot.de

INFOS ZUM BUCH

SO GEHT VEGAN!
» sogehtvegan.de

REZEPTREGISTER

ÜBER DEN AUTOR

PATRICK BOLK lebt als gebürtiger Niederrheiner in Berlin und startete 2008 zunächst mit dem Blog »Berlin is(s)t Bio« und ab 2011 mit dem Blog »Deutschland is(s)t vegan« in der Bloggerwelt, um seine Tipps für eine nachhaltige und vegane Lebensweise weiterzugeben. Beide Blogs erreichen einige Tausend Leser täglich. 2009 folgte das Buch zum Blog, *Berlin is(s)t Bio*, ein Reiseführer für Biorestaurants in Berlin. 2013 brachte Patrick Bolk als Herausgeber einen Ratgeber zur veganen Lebensweise mit dem Titel *Ab heute vegan* heraus,

der sich großer Popularität erfreut und später auch als erstes veganes Hörbuch erschien. Seit 2011 lebt Patrick Bolk vegan, was er vor wenigen Jahren noch relativ abwegig gefunden hätte. Der Auslöser war kein Schlüsselerlebnis, sondern die langjährige Beschäftigung mit Themen wie Ernährung und Nachhaltigkeit. Der Umstieg erfolgte also relativ langsam, dafür umso nachdrücklicher. Irgendwann war es einfach ein Buch und eine Dokumentation zu viel, als dass er noch weiterhin bedenkenlos und mit gutem Gefühl Tiere ausnutzen oder essen wollte. Vegan zu leben war eine der besten Entscheidungen in seinem Leben. Weitere Informationen zum Autor gibt es unter www.patrickbolk.de.

DER AUTOR DANKT

Mein großer Dank geht an meine Freundin Eva für die unermüdliche Unterstützung in jeder Hinsicht. Ich danke Eva Wagner und dem Südwest-Team für die wunderbar unkomplizierte und freundliche Zusammenarbeit. Großen Dank auch an Ulrike Kretschmer für ein sehr wachsames Auge. Ich danke den Rezeptetestern Sandra, Anne und Peter, Silke und Kristin. Vielen Dank an Christoph für die Möglichkeit, im Fast Rabbit zu kochen und zu fotografieren. Danke auch an den Vegetarierbund Deutschland für die Zusammenarbeit. Und natürlich danke an alle auf diesen Seiten Vorgestellten für die Zusammenarbeit.

FOTOS

JUSTIN P. MOORE wurde 1974 geboren und ist in den USA und auf den Marshall-Inseln aufgewachsen. Mit 15 Jahren wurde er aus ethischen, ökologischen und gesundheitlichen Gründen Vegetarier und kurz danach Veganer. Seit 2001 lebt er in Berlin als Kochbuchautor, Künstler und Grafiker. Er bietet vegane Kochkurse, Dinnerpartys und Kochshows an. Außerdem schreibt und fotografiert er für mehrere Magazine, Blogs und Buchprojekte. Seine Kochbuchreihe »The Lotus and the Artichoke« (www.lotusartichoke.com) dokumentiert auf kulinarische und künstlerische Weise seine Weltreisen in über 40 Ländern. Justin P. Moore hat die Fotos für *So geht vegan!* gemacht und außerdem einige Rezepte dazu beigesteuert.

HINWEIS

In diesem Buch wurden nach Möglichkeit geschlechtsneutrale Formulierungen gewählt. Wo dies nicht möglich war, wurde aus Gründen der besseren Lesbarkeit die männliche Form verwendet. Unabhängig von der Formulierung sind selbstverständlich immer Frauen und Männer gemeint. Dieses Buch soll außerdem keine ärztlichen Empfehlungen ersetzen, widerrufen oder ihnen widersprechen. Die Informationen in diesem Buch sind allgemeiner Natur und werden ohne Garantie seitens des Verlags und des Autors angeboten. Diese übernehmen keine Haftung für eventuell auftretende Schäden und Fehler, die durch die Verwendung des Buches auftreten.

REZEPTE ZUM BUCH BEIGESTEUERT HABEN

LEA GREEN ist Mitte 30, gebürtige Kärntnerin, wuchs in Bayern auf und lebt heute in Berlin. Eigentlich ist Lea Filmwissenschaftlerin und Filmemacherin, hat sich aber seit über einem Jahr ganz und gar der veganen Küche verschrieben. Denn vegetarisch, so Lea, ist nur die halbe Wahrheit. Köstliche vegane Gerichte zu zaubern und darüber zu bloggen ist ihre Passion. Seit Anfang 2013 betreibt sie den veganen Foodblog »Veggies« (www.veggi.es) und zeigt, wie vielfältig, herzhaft, abwechslungsreich und köstlich veganes Essen ist.

Direkt gegenüber des Eingangs zum berühmten Mauerpark liegt in der Eberswalder Straße 1 in Berlin das »Fast Rabbit«. Hier dreht sich neben wechselnden Tagesgerichten seit September 2013 alles um die köstliche vegane »Dirty Roll«, ein Produkt, das Koch und Inhaber **CHRISTOPH RUPPRECHT** entwickelt hat und als Fast Food anbietet. Christoph Rupprecht, gelernter Koch und Betriebswirt, bringt zwölf Jahre Erfahrung als Koch und Küchenchef mit und war zuletzt der kreative Kopf eines Catering-Unternehmens. Mit dem »Fast Rabbit« erfüllt sich Christoph nun den Traum eines eigenen Ladens mit gesundem »Schnellen Essen« und einem eigenen veganen Catering!

Geplagt von wechselnden Allergien, hat sich **JENNIFER ORTIZ** 2011 für eine vegane Lebensweise entschieden und diesen Schritt bis heute nicht bereut. Die Wahl-Bremerin betreibt den Blog »Nancys Kitchen« (nancys-kitchen.de) und frönt dort ihrer Leidenschaft für schwäbische und südamerikanische Küche. Sie studiert Kulturwissenschaften und Philosophie, liebt Wale und kann täuschend echt einen Delfin imitieren.

SUSANNE FREY (www.goldstueck-gestaltung.de) hat nicht nur dieses Buch gestaltet, sondern auch bei der Rezeptentwicklung geholfen. Darüber hinaus entwirft sie wunderbare Shirts, Buttons und andere Accessoires unter dem Label »Acktungbaby«, die man u.a. bei »Hansvurst« (www.hansvurst.de) bekommt.

QUELLEN

Alle in diesem Buch angegebenen statistischen Zahlen und Zitate entstammen den folgenden Quellen:

www.vebu.de/lifestyle/anzahl-der-vegetarierinnen
www.vebu.de/ada
www.bund.net/fleischatlas
vebu.de/aktuelles/pressemitteilungen/1120-pm-95-prozent-weniger-klimagase-durch-pflanzenfleisch
Andreas Grabolle – *Kein Fleisch macht glücklich* (Goldmann 2012)
Studie »Lifestock`s long shadow« der FAO von 2006
Toni Meier - *Umweltschutz mit Messer und Gabel* (Oekom Verlag 2013)
Stefan Kreutzberger & Valentin Thurn – *Die Essensvernichter* (Kiepenheuer & Wisch 2011)
T. Colin Campbell – *China Study* (Verlag Systemische Medizin 2011)
www.peta.de/eier
www.dge.de/modules.php?name=News&file=article&sid=1130
www.datenbank-tierversuche.de

IMPRESSUM

1. Auflage

© 2014 by Südwest Verlag, einem Unternehmen der Verlagsgruppe Random House GmbH, 81673 München.

Redaktionsleitung: Silke Kirsch
Projektleitung: Eva Wagner
Korrektorat: Dr. Ulrike Kretschmer
Fotografie: Justin P. Moore (www.lotusartichoke.com), mit Ausnahme von: Katja Rösen (S. 11), Isabelle Grubert (S. 198)
Illustrationen: Susanne Frey, Wiesbaden
Satz: Susanne Frey, Wiesbaden
Umschlaggestaltung und Layout: Susanne Frey (www.goldstueck-gestaltung.de)
Reproduktion: Regg Media GmbH, München
Druck und Verarbeitung: Têšínská Tiskárna, Cesky Tesin

Printed in Czech Republic

((Platz für FSC-Logo – wird in der Litho eingesetzt))

Verlagsgruppe Random House FSC® N001967
Das für diesen Titel verwendete FSC®-zertifizierte Papier Profisilk liefert von Sappi Stockstadt

ISBN 978-3-517-09278-2